中国农村居民家庭"健康差异—贫困差异"循环效应的代际传递研究

刘玲 等 著

中国财经出版传媒集团
中国财政经济出版社
北京

图书在版编目（CIP）数据

中国农村居民家庭"健康差异—贫困差异"循环效应的代际传递研究／刘玲等著．－－北京：中国财政经济出版社，2024.3

ISBN 978－7－5223－2932－1

Ⅰ.①中… Ⅱ.①刘… Ⅲ.①农民－健康状况－关系－贫困问题－研究－中国 Ⅳ.①F323.8

中国国家版本馆CIP数据核字（2024）第054987号

责任编辑：马　真　　　　　　责任校对：徐艳丽
封面设计：兰卡绘世　　　　　　责任印制：党　辉

中国农村居民家庭"健康差异—贫困差异"
循环效应的代际传递研究
ZHONGGUO NONGCUN JUMIN JIATING "JIANKANG CHAYI—PINKUN CHAYI"
XUNHUAN XIAOYING DE DAIJI CHUANDI YANJIU

中国财政经济出版社 出版

URL：http://www.cfeph.cn
E－mail：cfeph@cfeph.cn
（版权所有　翻印必究）

社址：北京市海淀区阜成路甲28号　邮政编码：100142
营销中心电话：010－88191522
天猫网店：中国财政经济出版社旗舰店
网址：https://zgczjjcbs.tmall.com
中煤（北京）印务有限公司印刷　各地新华书店经销
成品尺寸：170mm×240mm　16开　12.75印张　199 000字
2024年3月第1版　2024年3月北京第1次印刷
定价：78.00元
ISBN 978－7－5223－2932－1
（图书出现印装问题，本社负责调换，电话：010－88190548）
本社质量投诉电话：010－88190744
打击盗版举报热线：010－88191661　QQ：2242791300

前 言

在实现了第一个百年奋斗目标,全面建成了小康社会,历史性地解决了绝对贫困问题后,中国进入了一个新的时代,相对贫困成为新的挑战。目前疾病仍然是致贫返贫风险的主要因素,特别是对于9亿多农民,疾病导致的贫困尤为突出。在国家和政府帮扶下,千千万万农村困难家庭摆脱了贫困,迈入了小康生活,但是因病返贫现象极为常见。在诺贝尔经济学奖获得者安格斯·迪顿看来,健康是讨论福祉问题的起点。农村居民健康与贫困之间往往呈现循环关系,健康状况越差,返贫概率越大,陷入贫困又会使健康状况恶化,党的二十大报告提出"推进健康中国建设",把保障人民健康放在优先发展的战略位置,健康扶贫战略是帮助农村居民家庭摆脱相对贫困的重要举措之一,也是在实践中落实精准扶贫的基本战略。本书将中国农村居民家庭父子两代的健康与贫困循环关系作为研究对象,重点研究健康差异与贫困差异的交互影响及对子辈的代际传递效应。将健康人力资本理论与代际传递理论纳入贫困理论研究框架中,学术上拓宽了贫困理论研究思路与视野,同时,更精准地分析了贫困和健康的相互作用关系,从而为政府的决策出台提供一定的参考依据。本书的研究内容有以下6个方面:(1)梳理关于健康不平等内涵和度量、绝对贫困与相对贫困的相关研究、健康人力资本代际传递、贫困代际传递、健康与贫困关系等方面的文献并进行评述;(2)在"可持续性农户生计框架"下分析"健康差异—贫困差异"循环效应的内在机理,依据人力资本理论、家庭经济学、健康经济学、收入分配理论与代际传递理论等相关理论,构建数理模型论证两者循环效应的代际传递机理;(3)剖析中国农村居民家庭健康与贫困现状事实；(4) 利用CHARLS数据库数据，对中国农村居民家庭"健康差异—贫困差异"循环效应以及两者循环效应代际传递进行计量经济学分析；(5) 内蒙古作为少数民族边疆地区存在一些重点地方病，这些疾病是病区百姓致贫、返贫的主要原因，本书从CHARLS数据库筛选出内蒙古居民家庭的相关数据，对内蒙古居民家庭"健康差异—贫困差异"循环效应以及两者循环效应代际传递进行测度，进一步验证了研究假说；(6) 阻断中国农村居民家庭"健康差异—贫困差异"恶性循环链条代际传递的公共政策研究。

本书基于CHARLS数据库中的14078个样本，构造了A-F多维贫困指数与QWB健康指数，使用普通最小二乘法对模型进行了回归分析，验证了个体健康及贫困之间的交互作用，同时利用这些样本的子代自评健康和收入信息，证实了健康及贫困在代际的传递效应。分析健康与贫困交互影响及其代际传递的特征后，得出如下主要结论：(1) 代内健康—贫困效应中，女性健康的经济收益显著高于男性1.3个百分点；(2) 代内贫困—健康效应仅发生在45—61岁的中老年群体内，年龄过高或过低通过降低贫困提升健康的作用不再显著；(3) 父辈健康状况的改善有着良好的代际溢出效应，无论是对子代健康还是子代贫困，来自母亲的影响都强于父亲，这与健康在代内对贫困影响的两性差异表现一致；(4) 在代际贫困—健康传递效应中，东部地区的传递水平高于总体水平，表明东部地区贫困家庭出身的子代健康更易受挫；(5) 无论是父辈还是子代，教育作为健康之外的另一项重要人力资本，对阻断贫困的代际传递至关重要；(6) 通过计算代际贫困弹性系数并进行Blanden分解，发现其中健康对贫困代际传递贡献率为13.4%，健康人力资本在贫困代际传递中是重要的影响因素。在此基础上提出阻断中国农村居民家庭"健康差异—贫困差异"恶性循环链条代际传递的政策建议。

作者
2023年11月

目 录

第一章 导 论 …………………………………………………（ 1 ）
    第一节　研究背景及意义 ……………………………………（ 1 ）
    第二节　研究思路及研究方法 ………………………………（ 6 ）
    第三节　可能创新点 …………………………………………（ 7 ）

第二章 理论与文献综述 ……………………………………（ 10 ）
    第一节　关于健康不平等的研究 ……………………………（ 10 ）
    第二节　关于贫困和相对贫困的研究 ………………………（ 16 ）
    第三节　健康人力资本代际传递 ……………………………（ 29 ）
    第四节　贫困代际传递 ………………………………………（ 31 ）
    第五节　健康与贫困关系 ……………………………………（ 34 ）
    第六节　文献评述 ……………………………………………（ 36 ）

第三章 "健康差异—贫困差异"循环效应理论机理研究 …（ 39 ）
    第一节　健康与贫困相关概念界定 …………………………（ 39 ）
    第二节　"健康差异"与"贫困差异"循环效应的理论基础
              ………………………………………………（ 41 ）
    第三节　"健康差异"与"贫困差异"循环效应的理论机制
              ………………………………………………（ 45 ）

第四章 "健康差异—贫困差异"循环效应代际传递理论机理研究
        ……………………………………………………（ 57 ）
    第一节　理论基础 ……………………………………………（ 57 ）

第二节　理论模型构建 …………………………………………（61）

第五章　中国农村居民贫困与健康现状事实判断 ……………（67）
　　第一节　中国农村居民贫困演变历程 …………………………（67）
　　第二节　农村居民健康状况 ……………………………………（71）

第六章　数据来源与样本特征 ……………………………………（78）
　　第一节　数据来源 ………………………………………………（78）
　　第二节　样本特征 ………………………………………………（80）

第七章　中国农村居民家庭"健康差异—贫困差异"循环效应代际传递经验验证 ……………………………………（95）
　　第一节　研究假说 ………………………………………………（95）
　　第二节　实证模型设定及结果分析 ……………………………（96）

第八章　内蒙古自治区居民家庭"健康差异—贫困差异"循环效应与代际传递的经验验证 ……………………………（124）
　　第一节　研究假设提出 …………………………………………（124）
　　第二节　内蒙古自治区居民健康与贫困的现状 ………………（125）
　　第三节　内蒙古自治区居民家庭"健康差异—贫困差异"循环效应与代际传递实证分析 ………………………（134）
　　第四节　内生性处理与研究结论的稳健性 ……………………（152）

第九章　结论、政策建议与研究展望 ……………………………（154）
　　第一节　研究结论 ………………………………………………（154）
　　第二节　政策建议 ………………………………………………（157）
　　第三节　研究展望 ………………………………………………（176）

参考文献 …………………………………………………………（177）
后记 ………………………………………………………………（197）

第一章 导 论

第一节 研究背景及意义

一、研究背景

贫困是世界难题,消除一切形式的贫困是联合国17项可持续发展目标的第一项目标,在过去的20多年里,世界的极端贫困率显著下降,但是2015年全世界生活在极端贫困中的人数仍然达到8.36亿人[①],帮助贫困人口脱贫仍然受到重视。中国在2020年年底已经基本实现消除绝对贫困,为贫困县摘掉贫困的帽子,解决了部分地区整体贫困问题。此后,中国解决贫困问题的工作重心转向相对贫困的解决以及防止大规模返贫。中国幅员辽阔,人口众多,造成贫困的原因复杂而多样。党的十八大以来,中国脱贫攻坚工作取得了决定性的进展,从脱贫人口数量来看,2012年9899万人,2017年这个数字降到了3046万人,然而,因病致贫与因病返贫在建档立卡贫困户中所占比例并没有下降,国务院扶贫办公布的数据显示,因病致贫排在所有致贫因素中的首位。历史原因、自然原因、地区发展不平

---

① 联合国《千年发展目标2015年报告》。

衡的原因、个人原因……众多致贫原因中因病致贫、因病返贫是无法忽视的突出因素。特别是对于9亿多农民，疾病导致的贫困尤为突出。国务院扶贫办2015年调查显示，现有7000多万贫困农民中，因病因残致贫、资源条件致贫、农民受教育水平偏低致贫是贫困的3种类型，其中，因病致贫比重达到42%，是根本性致贫因素。全国第五次卫生服务总调查数据显示，农村家庭居民两周患病率达到了20.2%，高血压、糖尿病、腰椎间盘突出是常见病。同时，农村居民的医疗保险没有全覆盖，这使得农民面临严重的健康风险，患病风险与健康问题导致农村居民劳动参与率下降，进而家庭收入降低，甚至有些家庭生活收入来源也得不到保障，收入低就得不到好的医疗救助，陷入因病致贫、因病返贫的恶性循环中。健康出现问题不仅在短期内给家庭带来收入降低的影响，而且这种影响甚至是长期存在的，父代健康差异与贫困差异的恶性循环，在代际流动的社会中传到下一代，导致子代也会出现不健康进而陷入贫困，因为贫困没有条件得到医疗救助而导致身体条件更差这样的恶性循环事件。

健康差异即健康不平等的产生会折射出社会发展中其他方面的不平等，比如导致收入本就处于中下水平的居民经济贫困的不平等，而且阻碍社会阶层的流动。健康作为重要的人力资本之一，劳动力的健康不平等就意味着他们依靠劳动创造财富的能力不平等，尤其对于处于社会底层的人来说，他们因为健康问题依靠自身劳动挣钱的能力被削弱，更容易陷入"健康恶化—贫困—健康进一步恶化—进一步贫困"的陷阱之中。个体健康不仅对自身有影响，而且具有外部性，社会底层人员健康恶化会影响到整个社会链条的正常运转，削弱社会分工合作，影响社会的整体发展，历史学家David Lands（1999）认为，贫穷是潜伏的猖獗的污染物，不可能被隔绝。健康的不平等催化着"健康差异—贫困差异"的恶性循环，农村家庭的健康差异问题会威胁到社会整体的利益。

2020年以来，党的脱贫攻坚战取得了绝对的胜利，中国消除了区域性绝对贫困。这样的成效绝不是终点，而是迈向共同富裕的起点。下一步要巩固健康扶贫防返贫成果，推动健康乡村建设，帮助农村居民家庭摆脱相对贫困，向共同富裕迈进。从代际传递视角，研究"健康差异—贫困差异"代际循环，对在实现精准健康扶贫、健康防返贫的过程中，为制定有效的顶层设计提供理论参考具有重要的意义。

二、研究意义

（一）理论意义

（1）扩展了贫困理论的研究框架。贫困直观表现是收入水平低，生活质量差，深层次的表现是基本能力的剥夺、机会的丧失。父代健康的差异导致医疗支出、健康支出方面的差异，以及收入水平的差异，从而挤占对下一代的教育人力资本投资和健康人力资本投资，限制了下一代成年之后自我能力的提升和创造财富能力的提升，很大程度上造成贫困的代际传递。本书把健康人力资本理论与代际传递理论纳入贫困理论的研究框架，研究农村家庭"因病致贫"的传导路径，扩展了经济学中贫困的理论研究视角，同时也是对2019年诺贝尔经济学奖获得者"贫困的本质"理论的验证。

（2）丰富了健康经济学的研究内容。传统上把"无病、无残、无伤"视为健康，随着社会的发展，人们对健康问题有了更深刻的认识，形成了多维健康观。其中，最有影响的是1948年世界卫生组织的定义：健康不仅仅是身躯的壮硕，更是心理与身体相互配合的完美状态。1989年，世界卫生组织又添加了道德健康。社会适应健康意味着在生活中，愉快地扮演好你自己作为朋友、邻居、公民、配偶或父母亲的角色，而对其他人不造成伤害。道德健康是生理健康、心理健康的发展，最高标准是无私利人，基本标准是为己利他。而贫困会对身体健康、心理健康、道德健康和社会适应健康都产生影响，父代的贫困导致自身健康变差，通过基因导致子代健康情况也不好，本书将贫困作为影响健康"可行能力"的动态诱因，形成健康人力资本代际传递理论，丰富健康经济学的内容。

（3）通过对健康与贫困两个变量的系统认识，挖掘中间变量、构建健康与贫困循环效应及其代际传递一般化理论。虽然学术界对农民健康和贫困的研究有比较丰富的研究成果，但是多数的研究局限于健康与贫困的单向关系，较少关注两者交互影响，以及贫困和健康的内生性问题，通过对健康与贫困两个变量的系统认识，挖掘中间变量、构建健康与贫困循环效应及其代际传递一般化理论。

（二）现实意义

（1）为"健康中国"战略的落实提出政策建议。食品安全、生态恶化、环境污染与疾病医疗都是影响健康的主要问题，也是民生的突出后顾之忧。2016年8月，在全国卫生与健康大会上，习近平总书记就明确提出"将健康融入所有政策，人民共建共享"，强调应把"健康"放在优先发展的战略地位上。同年10月，中共中央、国务院印发《健康中国"2030"规划纲要》，提出了5个方面的战略任务，分别是"普及健康生活、优化健康服务、完善健康保障、建设健康环境、发展健康产业"。党的十九大报告明确把健康中国战略纳入了国家发展基本战略，把人民健康置于"民族昌盛和国家富强的重要标志"的地位，要求"为人民群众提供全方位全周期健康服务"[1]。健康中国的建设正在进入全面实施阶段。本书为"健康中国"战略落实提供政策制定的视角。

（2）本书具有公平和效率的双重意义。从静态（代内）和动态（代际）两个维度探究健康与贫困的关系，是兼顾效率和公平的研究。一方面，研究健康扶贫、防返贫，缩小贫富差距，实现共同富裕，为提升社会公平的公共政策提供建议。另一方面，研究健康人力资本的代际传递，降低健康不平等，对实现经济高质量发展具有重要意义。从促进社会稳定有序的方面看，降低农村人口的健康差异，有助于减少城乡发展差异，体现社会主义社会的公平正义，促进全社会和谐稳定、安定团结。

---

[1] 习近平. 决胜全面建成小康社会 夺取新时代中国特色社会主义伟大胜利——在中国共产党第十九次全国代表大会上的报告［R］. 北京：人民出版社，2017.

（3）锁定农村居民家庭进行精准扶贫政策分析。锁定发生最大概率事件的中国农村居民家庭的"健康—贫困"双向循环及代际传递问题为研究对象，有助于中国扶贫工作的精准和效率，有助于制定和完善增进民生福祉的政策体系。

（4）对"健康差异—贫困差异"循环效应的研究为政府落实健康扶贫，避免阶层固化找到政策发力点。代际流动的经济体中，父代贫困差异与健康差异会延续到子代，从而产生更多"穷二代""富二代""病二代"。不怕今天贫，就怕永远贫；不怕一代穷，就怕代代穷。这是草根之痛，也是庙堂之忧。习近平总书记强调：要帮助贫困地区群众提高身体素质、文化素质、就业能力，努力阻止因病致贫、因病返贫，坚决阻止贫困现象代际传递。从代际视角研究健康差异与贫困差异，探索代际健康差异对贫困差异的影响效应以及代际传递机制，有助于为政府落实精准扶贫找到政策发力点。

（5）为中国健康部门进行扶贫投资提供政策分析。公共健康投资、农村社会医疗投资、健康福利政策、基于机会平等的健康公共政策有利于改善农村居民家庭"可行能力"，对改善农村贫困差异与精准健康扶贫具有政策指导意义，提供扶贫的系统化建议分析。

（6）促进实现健康老龄化，继续发挥人口红利的优势。21世纪以来，中国人口老龄化问题逐渐凸显。老龄化社会是指老年人口占总人口达到或超过一定的比例的人口结构模型。按照联合国的传统标准是一个地区60岁以上老人达到总人口的10%，新标准是65岁以上老人占总人口的7%，即该地区视为进入老龄化社会。根据第五次人口普查数据，我国在2000年就进入了老龄化社会。从2000年到2023年，我国65岁及以上人口比重由7%增长到15.4%，老龄化程度不断加重。按国际通行划分标准，65岁以上人口占比达到14%，意味着进入深度老龄化社会，以这个标准来看，我国在2021年（当年65岁以上老人占比14.2%）已经进入深度人口老龄化社会。严重老龄化的社会结构使我国丧失长久以来享受的人口红利。健康有助于减少老龄社会的医疗开支，减少家庭照护的压力，投资于健康也有助于提高老年人力资源的经济社会参与和生产性产出。健康促进是一种有效的人力资本投资，提高老年群体的活力，增加在老龄化过程中发挥老年人力资源作用的潜力。通过分析健康不平等的影响因素，有针对性地提出缩小健康不平等的政策建议，有助于提升我国居民整体健康水平，开拓健康老龄化路径，以对冲老龄化的不利影响，实现我国人口优势的可持续性发展。

第二节　研究思路及研究方法

一、研究思路（见图1-1）

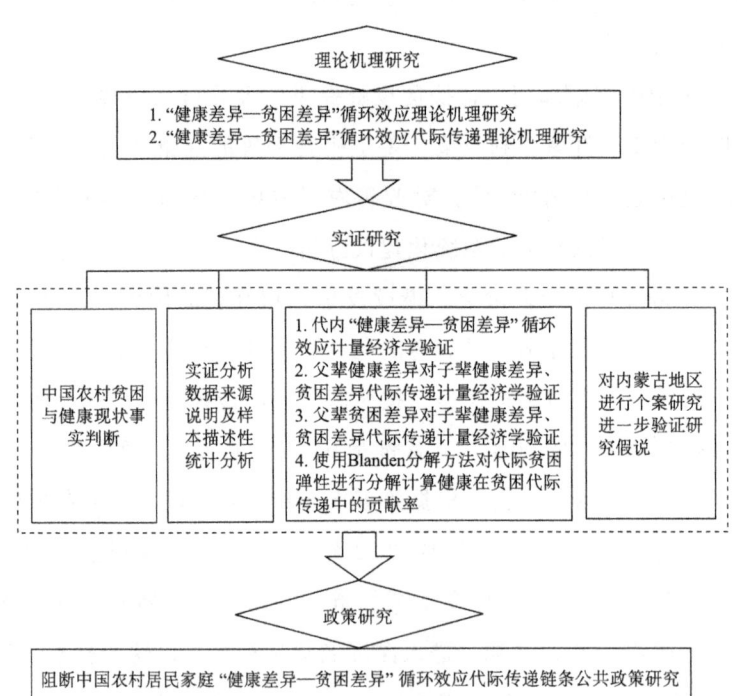

图1-1　研究思路

二、研究方法

（一）入户访谈、问卷调查法

除使用 CHARLS 权威数据库，为丰富实证分析成果，提高研究信赖度，重点以中国农村居民家庭为单位，进行实地调研以获取第一手数据，主要针对父辈与子辈健康与贫困情况进行访谈和问卷调查。

（二）数理经济学方法

（1）构建疾病与贫困交互影响的数理模型。

（2）基于 OLG 模型，建立中国农村居民家庭"健康差异—贫困差异"循环效应的代际传递模型，研究中国农村居民家庭"健康差异—贫困差异"循环效应的代际传递路径。

（三）计量经济学方法

（1）采用普通最小二乘法（Ordinary Least Squares，OLS）进行回归，同时采用分组回归的方式对问题进行讨论，探究不同性别、受教育水平、经济地区、居住方式的样本中影响效果的不同。

（2）计算代际贫困弹性系数，通过 Blanden 分解法测算健康对贫困代际传递贡献率。

第三节　可能创新点

一、打破人力资本理论与贫困理论研究壁垒

本书构建"健康差异—贫困差异"循环效应的代际传递理论框架与分

析模型,打破人力资本理论与贫困理论的研究壁垒。在构建数理模型基础上,利用计量经济学方法对其进行验证,整个研究过程做到理论与实证有效结合,而且将健康人力资本纳入贫困代际传递分析中,既扩展了健康人力资本的分析,也扩展了贫困理论的分析视角。

二、研究视角更加系统与全面

通过国内外相关文献的梳理发现,前人的研究多是健康对贫困的影响或者贫困对健康的影响,多集中于两者单向关系的研究,本书着眼"健康与贫困"交互影响效应,研究视角更加系统更加全面。更加全面、深入地研究中国农村居民家庭贫困差异扩大的原因,在实践上为政府制定精准健康扶贫、防返贫政策找到发力点。

三、主要观点

提升人力资本教育投入是一个途径,健康人力资本的增加是非常重要的另一个途径,是在健康中国战略和实现共同富裕奋斗目标下更应该受关注的方面。在一些具有地方病的区域,健康不平等是导致贫困差异的关键,也是大规模返贫的主要原因,健康扶贫、防返贫是精准扶贫、防返贫的关键,政府要做好精准扶贫就更要关注健康人力资本投资。切断健康—贫困交互影响尤为重要,更要阻断这种影响的代际传递链条,不能发生疾病与贫困交加代际传递的现象,这是疾病与贫困公共福利治理的"最小最大原则"。

本书得出的主要观点如下:

(1) 代内健康—贫困效应中,女性健康的经济收益显著高于男性1.3个百分点。

(2) 代内贫困—健康效应仅发生在45—61岁的中老年群体内,年龄过高或过低通过降低贫困提升健康的作用不显著。

（3）父辈健康状况的改善有着良好的代际溢出效应，无论是对子代健康还是子代贫困，来自母亲的影响都强于父亲，这与健康在代际对贫困影响的两性差异表现一致。

（4）在代际贫困—健康传递效应中，东部地区的传递水平高于总体水平六成以上，东部地区贫困家庭出身的子代健康更易受影响。

（5）教育作为健康之外的另一项重要人力资本，对阻断贫困的代际传递具有重要意义。

（6）通过计算代际贫困弹性并进行 Blanden 分解，发现其中健康对贫困代际传递贡献率为 13.4%，健康人力资本在贫困代际传递中是重要的影响因素。

第二章 理论与文献综述

第一节 关于健康不平等的研究

一、健康不平等的内涵

Fanshel 和 Bush（1970）、Weinstein 和 Stason（1977）认为健康不平等可以通过健康寿命的不平等进行衡量。健康寿命是对人群的存活和在其一生中受到非致命疾病影响后的健康状态所占比重的一种度量方法。因为发生疾病或事故的概率因人而异，所表现的差异性为人与人之间的健康不平等。然而，Gakidou（2000）认为采用健康寿命不平等衡量健康不平等假设前提过于严格，需满足两个条件，一是每个人的预期寿命相同，二是每个人面临死亡、疾病或事故的风险概率相同，这在现实生活中无法满足。其进而提出采用健康风险衡量健康不平等。不同群体健康风险状况是不同的，根据健康风险概率的不同反映健康的不平等状况。但以上两种方法仅从不同个体在生命周期内某一时点的健康状况的差异，仅涉及关于年龄单变量的分布，不足以刻画真实的健康不平等。Braveman 等（2000）、Wolfson 和 Rowe（2001）认为收入、教育、职业等体现社会经济地位的因素都会影响健康，健康不平等是涉及多个变量的条件分布。Wagstaff 和

Doorslaer（2000）提出健康不平等分为两种，分别为纯粹健康不平等（pure inequalities in health）和社会经济健康不平等（socioeconomic inequalities in health）。其中，纯粹健康不平等与社会经济健康不平等的区别在于是否考虑收入、教育、职业和环境等经济社会因素，前者是指在某个时期内不同人群的健康水平差异，只强调跨人群的健康状况差异；而后者不局限于人群间的健康差异，同时考虑影响健康状况的社会经济因素。Braveman 等（2004，2006）认为健康不平等，实际上是健康资源在不同群体中分配的不公正，表现出不同群体经济社会地位的差异。

二、影响健康不平等的因素

影响健康不平等的因素有收入、教育、地区、城乡、性别和年龄等。

其中，收入因素是影响健康不平等的核心，包括收入水平、收入差距与健康不平等的关系。Rodgers（1979）采用 56 个国家的横截面数据，发现居民收入水平越高，会提高预期寿命。收入水平低是导致死亡率高的重要原因，穷人的健康状况相较于富人处于劣势。Ahn 等（2010）采用 2001 年韩国健康与营养调查数据，根据健康集中指数（health concentration index）得出，低收入人群的健康状况更差。解垩（2009）利用中国健康与营养调查数据（CHNS）分析居民收入水平和医疗服务不平等对健康不平等的影响。结果表明，收入水平高的群体的健康状况好、医疗服务使用的多。黄潇（2012）也得到了同样的结论，并且这种亲富人的健康不平等程度正在加深。齐良书（2006）采用 1997—2000 年 CHNS 数据研究居民收入、收入差距与健康状况的关系。研究表明社会经济地位低的个体更容易受到因收入差距产生的健康冲击，社会经济地位低的个体要以牺牲健康为代价提高自身收入水平。

Winkleby（1992）指出，个人受教育水平高，健康意识强，有利于提高其健康水平。Wang 等（2012）以及 Mu 等（2014）发现沿海内陆的地区差异导致居民健康水平的差异，沿海地区较内陆地区经济发展水平普遍高、拥有更好的医疗卫生条件，居民的慢性病发病率和死亡率明显低于内陆地区。Chen 和 Meltzer（2008）、Poel 等（2012）研究表明我国城镇地区人口健康水平普遍高于农村地区，并且解垩（2009）发现随着经济发展水平的提高，城乡之间的健康差异呈扩大趋势，但 Yang（2012）基于 CHNS 数据研究表明，由于城市的居民受到身体活动的限制，较农村地区具有更高的健康风险。Bakkeli（2016）认为女性要比男性拥有更健康的身体，主要是因为女性健康意识高于男性，男性拥有吸烟、喝酒等不健康生活习惯的人口比例远高于女性，已婚的男性健康状况会得到改善。但是学者刘坤等（2014）认为，虽然女性预期寿命比男性高，但无论生理上还是心理上，男性健康相关的生命质量更好。

三、健康差异的度量

目前学术界健康差异的测量方法主要有两种：Lorenz 曲线与 Gini 系数；集中曲线和集中指数。除此之外还有健康差异指数法、极差法、不平等斜率指数法、泰尔指数、Atkinson 指数、Erreygers 指数、变异系数等，不同的测度方法适用条件不同，测度结果存在差异。

Lorenz 曲线和利用 Lorenz 曲线计算的 Gini 系数是测度收入差异的常用方法，后来 Le Grand（1989）把其引入测度健康不平等。首先构建收入—健康矩阵，把一个社会的健康程度分成 n，收入等级分成 m，每个收入等级中的人口比例设为 π_i，在第 i 个收入等级中健康等级为 j 的概率设为 α_{ij}，可以把收入—健康矩阵表示为：

$$A_{m \times n} = \begin{pmatrix} \alpha_{11} & \alpha_{12} & \cdots & \alpha_{1n} \\ \alpha_{21} & \alpha_{22} & \cdots & \alpha_{2n} \\ \vdots & \vdots & \ddots & \vdots \\ \alpha_{m1} & \alpha_{m2} & \cdots & \alpha_{mn} \end{pmatrix}$$

利用收入—健康矩阵可以分析富人与穷人之间的健康差异问题，这个问题也是大多数研究健康不平等问题的人更关注的。A 从左到右健康状况越来越好,从上往下收入水平越来越高,同一行表示同一个收入阶层的健康分布情况。

对健康水平进行赋值,横轴用累积人口百分比表示、纵轴用累积健康值百分比表示,形成健康 Lorenz 曲线。当健康 Lorenz 曲线与对角线重合时,各个收入等级实现健康的完全平等;当健康 Lorenz 曲线向上偏离对角线,健康出现倾向穷人的不平等现象;当健康 Lorenz 曲线向下偏离对角线,健康出现亲富人的不平等现象。健康 Lorenz 曲线既会出现在对角线上方,也会出现在对角线的下方,选取的衡量健康的指标是有益于健康的,比如饮用水,健康 Lorenz 曲线就出现在对角线下方,如果是对健康有害的指标,健康 Lorenz 曲线就出现在对角线上方。

基尼系数是利用健康 Lorenz 曲线计算出来的指标,它的取值范围是 [0,1],0 表示完全公平,1 表示完全不公平。基尼系数的计算公式并不唯一,布朗(1994)提出的计算公式是较为简单的方法。计算健康指标(比如婴儿死亡率)的累积百分比;人口累积百分比,根据布朗公式就可以计算出基尼系数(见图 2-1)。

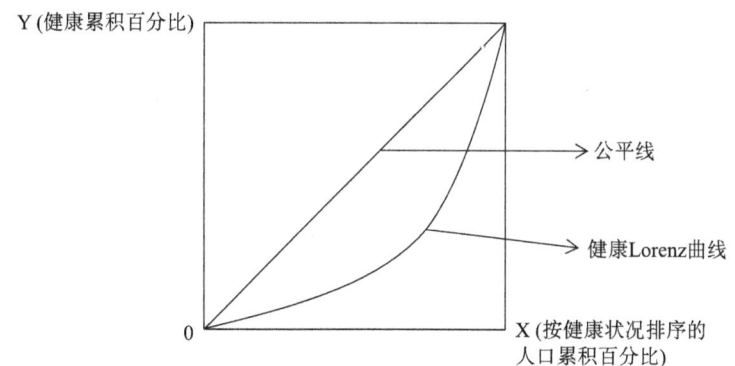

图 2-1 计算基尼系数示意图

集中曲线和利用集中曲线计算的集中指数(Concentration Index)是 Wagstaff(1989)提出的。卫生经济学中用集中指数作为衡量与社会经济状况相联系的健康不公平程度的重要指标。人群累计百分比记作横轴,从左到右社会经济状况递增，纵轴表示人群的健康数据，比如患病率、死亡率等的累计百分比，画出一条从左下角到右上角的集中曲线。如果健康水平在社会经济各组之间的分布是均匀平等的，集中曲线与对角线重合；如果较差的健康水平集中在较高的社会经济组，集中曲线在对角线下方；反之，则在对角线上方。集中曲线在对角线上方时为负值，在下方时为正值。集中曲线与对角线的距离越远，不公平程度越高。集中曲线与对角线之间面积的两倍称作集中指数。集中指数的取值范围在 [-1, 1]。如果选择的表示社会经济状况的指标和反映健康状况的指标一样，集中指数和基尼系数计算结果一样，反映的意义也一样（见图2-2）。

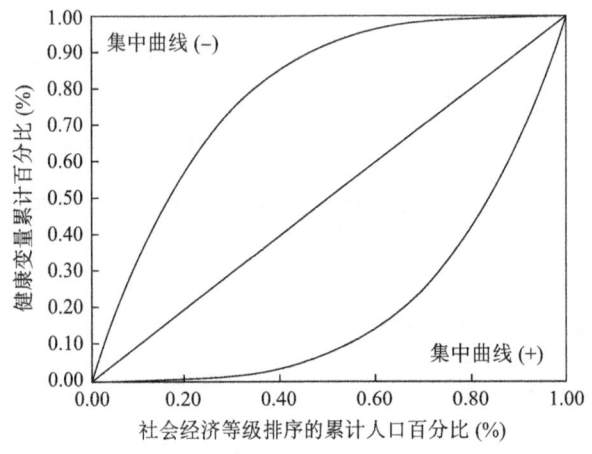

图2-2　计算集中指数示意图

健康差异指数法的主要思想是量化不同社会经济地位中样本容量的健康分布差。首先按社会经济地位分组样本容量，其次计算各组样本容量占总样本的比重以及各组中健康样本占总体健康样本的比重，最后将以上两个比值做差，就可以计算出健康差异指数（Index of Dissimilarity）。该指数的取值范围在 [0, 1]，0表示健康不平等程度最高，1表示健康不平等程度最低。

极差法是由Weinstein于1977年提出，用于测度与社会经济地位相关的健康不平等。首先将样本按照社会经济地位排序分组，其次比较社会经济地位最高组与最低组人群的健康平均值,最终得出样本间健康不平等程度。其中,二者健康平均值差异越大,健康不平等问题越严重。该方法简单易行,但忽视了大部分样本的健康水平,不能全面准确衡量样本间的健康差异性。

不平等斜率指数(Slope Index of Inequality,SII)类似于计算的回归系数。横坐标表示人群累计百分比,纵坐标是选择的衡量健康水平指标的数值,计算不平等斜率指数按照社会经济状况对人群进行分组排序,其中,每一组人群的中间分数值(R)$_j$和指标水平值(U)$_j$构成该组人群的坐标,每组的群体的数量作为权重,用加权最小二乘法确定不平等斜率曲线,通过拟合二者间的线性关系,获得斜率绝对值大小,即为健康不平等斜率指数。斜率绝对值越大,健康不平等程度越高,反之,斜率绝对值越小,健康不平等程度越低。不平等斜率指数计算形式上与简单回归系数相似,但是含义不同,每变化一个单位就相当于从最坏组到最好组之间的差异,0是最差组健康水平值,则1就是最好组健康水平值。不平等斜率指数表示社会经济状况最好的组与最差的组,这两组人的健康指标绝对差异。

泰尔指数(Theil Index,TI)是一种相对科学的研究均等化问题的分析工具。该指标原先衡量个人之间或地区间收入差距,后来逐渐被应用于健康不平等的测度,通过分解总体差距,得出公平程度在不同层次、不同组别的具体表现。泰尔指数是健康变量人群比例失调的测量方法,表示各组人群健康变量人群比例与各组总人口比例之间的自然对数差异,用每组群体健康变量人群占比作为权重,其计算公式如下:

$$TI = \sum_{j}^{J} S_j \left[Ln \left(\frac{S_j}{P_j} \right) \right]$$

其中,S_j是第j组不健康的人数占总体不健康人数的比例,P_j是第j组人数占总人数比例。泰尔系数取值范围是($0,+\infty$),TI的值越大表示健康不平等程度越高,这个指标对于健康不平等分布的测量很敏感,侧重点在于健康变量人群对不平等的影响。

阿特金森指数(Atkinson,1972)是从社会福利的规范分析角度衡量收入分配公平性的指标。健康不平等阿特金森指数计算公式为：

$$A = 1 - \frac{h_e}{\mu_h}$$

其中，h_e 是健康消费分配的平均数值，μ_h 是健康消费的实际数值。

Erreygers 指数是 Erreygers（2009）改进了集中指数得到的。这个指数利用两期截面数据对自身进行动态分解，两期的 Erreygers 指数进行差分可以分解为收入增长效应、收入分布效应、收入流动效应、人群老化效应四个部分，关注了健康不平等在一定时期内的波动情况，同时把影响健康不平等的收入因素与非收入因素分开，将健康不平等的原因解释得更细致，把对健康的研究推进得更加深入和细致。

变异系数（Coeefficient of Variation CV）也被称为标准离差率或单位风险。该指标是衡量数据分布差异性的常用指标之一，它是原始数据标准差与原始数据平均数的比值，由于其消除了量纲，因此能够在不同的样本数据分布间进行比较。其实质是反映单位均值上的离散程度，是衡量样本资料中各个观测值之间变异值的一个重要且常用的统计量。它可以实现无量纲化和平均数不一致对两个或多个资料变异程度比较的影响。变异系数的绝对值越大，表明平均指标的代表性越差，数据分布的差异程度越大；变异系数的绝对值越小，表明平均指标的代表性越好，数据分布的差异程度越小。

第二节　关于贫困和相对贫困的研究

一、绝对贫困到相对贫困

贫困是一直伴随人类发展历史的难以摆脱的顽疾，在科学技术快速发展、经济日益蓬勃的现代社会,对于世界范围的各个国家,贫困仍然是亟待解决的世纪难题。何为贫困,如何界定贫困?这是本书研究的基础。世界银行在2000年把贫困定义为福利被剥夺的状态,经济学中福利的内涵是满足程度,一般是基于消费或者收入来定义福利的。国内研究收入分配的著名学者,同时也是国务院扶贫开发领导小组专家委员会的委员李实教授是这样描述贫困的:"个人和家庭生存必需一定数量的物品和服务,个人和家庭缺乏获得这些生存必需物品和服务的资源以及能力,就是贫困。"

以上所说的贫困都是从经济角度定义贫困,进一步地经济贫困可分为绝对贫困和相对贫困。绝对贫困用满足最基本生活标准的收入水平来衡量,收入低于这个标准就是绝对贫困。通常测量贫困的做法也是通过可以观察到的一个家庭满足最低生活需要的收入或消费来制定最低贫困标准,这种根据一个家庭可以观察到的收入或者消费数据确定贫困线都是测量家庭事后福利状况的。绝对贫困是不能维持必需生活需要的状态,是生存性贫困,绝对贫困的标准都是用货币收入衡量的。国际上通用的绝对贫困线是世界银行1990年制定的,选取当时最贫穷的国家居民能够维持生存或者说最低生活需要的收入,经过购买力平价换算将每人每天1.01美元作为绝对贫困标准,这个标准在2008年上调为每人每天1.25美元,2015年上调为每人每天1.9美元(2011年购买力平价),到2022年5月这个极端贫困判断标准被调整为每人每天生活费2.15美元,新的标准在2022年秋季用来计算全球贫困数据。中国目前制定的绝对贫困标准是每人每天2.3美元(2011年购买力平价)。

联合国开发署2016年的数据显示,截至当年全球世界范围存在7亿人日生活费低于1.9美元,截至2020年还有8亿人的生活水平刚刚达到1.9美元的及格线,这些人有很高的风险再次返贫,他们的贫困脆弱性很强,一旦遇到什么灾害事件或冲击,马上就会陷入贫困境地。2015年9月联合国通过了《变革我们的世界:2030年可持续发展议程》,在此议程中确定了17项可持续发展目标,"在全世界消除一切形式的贫困"成为17个目标中的首要目标。

从多个维度衡量贫困程度，涉及教育、医疗卫生、生活条件等多个方面，并不是简单的收入低下。在《2030年可持续发展议程》中"消除贫困"的目标被分解为7个子目标，包括从收入角度提出的消除极端贫困、贫困人口的减少、建立全民社保制度和设施、男女都有获得经济资源的平等权利，世界各国都在积极寻找实现"无贫困"的目标，中国的扶贫方式以及取得的成果，可以说是成为扶贫的范本，中国的扶贫道路，创造了世界经济发展史上的奇迹。

新中国是在"一穷二白"的基础上建立起来的国家，40多年前我们很穷，改革开放之后，我国政府以及相关部门致力于消除贫困，解决贫困带来的各方面不平等问题。随着经济不断发展老百姓收入不断提升，及时动态调整扶贫政策，扶贫的模式也要随形势进行调整，教育扶贫—健康扶贫—金融扶贫—科技扶贫—产业扶贫—消费扶贫，一系列扶贫方式取得了巨大的成就，实现了"授人以鱼"到"授人以渔"的转型。相关数据显示，2012年中国贫困人口有9899万人，到了2020年这个数字下降到551万人，大幅下降的数字背后是中国政府有计划有组织的扶贫开发工作，特别是党的十八大以来实施的精准扶贫和精准脱贫政策的成果，根据世界银行数据，中国的减贫成果占到全世界减贫成果的70%。到2020年，中国打赢了脱贫攻坚战，减贫人口数量取得了历史性的突破，9899万农村贫困人口全部脱贫。随着绝对贫困的消除昭示着脱贫攻坚战的胜利，扶贫的相关工作转入减少相对贫困。中国目前仍然存在发展不平衡的现象，城市和农村收入水平差距较大，在农村低收入人群仍然会长期存在，2021年中央一号文件中指出，要加强农村低收入人群的常态化帮扶，对这类人群要进行动态监测，防止其大规模返贫，2020年之后减贫工作进入新时期，要切实减缓相对贫困，实现全体人民共同富裕就要全面、系统地认识相对贫困，构建治理相对贫困的长效机制。

二、相对贫困的研究

(一) 相对贫困的内涵

应该用历史的、动态的眼光看待贫困，随着社会的进步经济的发展，贫困的内涵发生了变化。早期的贫困是一种缺乏获得必需生活品的状态。Seebohm[①]认为，贫困是一种家庭所拥有的收入不足以维持其生理功能所需的食品、住房、衣着和其他必需品的状态，即绝对的物质贫困，也称为"生存贫困"。从消费角度看绝对贫困是无法获得生存基本的衣食住行条件，从生产角度定义绝对贫困是缺乏进行再生产的物质资源，难以进行简单再生产（汪三贵和刘明月，2020）[②]。什么是"必需品"？这本身是一个相对的概念，要随着时间推移和经济社会发展进行定义。马克思曾说："不管工人所获取的劳动报酬是高还是低，工人的生活状况必然因资本的积累而日益严重"，揭露的就是资本主义生产方式下工人阶级处于相对贫困的现象。因此，对贫困的认识也从绝对贫困往相对贫困发展。童星和林闽钢（1994）从社会再生产角度将相对贫困界定为：在个体简单再生产能够维持基本生活水平但低于社会大众认可的平均生活水平且在扩大再生产方面处于能力匮乏的状态[③]。

相对贫困概念是 20 世纪中期由 Townsend（1979）提出来的，他认为贫困不仅是缺乏获得必需生活物资的资源和能力，而且是拥有的资源和能力难以维持平均生活水平的状态[④]。相对贫困，不一定是缺乏必需的生活资料，存在生存不下去的危险，也不一定是生活水平没有提升，而是与社

[①] B. Seebohm Rowntree. Poverty: A study of town life [M]. London: Macmillan, 1901.
[②] 汪三贵，刘明月. 从绝对贫困到相对贫困：理论关系、战略转变与政策重点 [J]. 社会科学文摘，2020 (12), 17-20.
[③] 童星，林闽钢. 我国农村贫困标准线研究 [J]. 中国社会科学，1994 (3): 13.
[④] P. Townsend. Poverty in the United Kingdom [M]. Berkeley: University of California Press, 1979.

会其他群体相比处于不利的位置，或者说长时间没有向上实现阶层流动的能力。这个概念的提出丰富了贫困的内涵，既包括物质生活的贫困，还包括主观上的相对剥夺，赋予了贫困内涵的多维属性。首先，界定相对贫困具有动态性，相对贫困的界定"相对"的参照物要参考所研究时期和地区的社会经济状况，个人或者家庭的收入无法满足当时当地的基本生活需要，或者说低于社会平均水平，随着当地经济社会情况发生变化，相对贫困的标准也会发生变化[1]。其次，相对贫困界定具有主观性，主观上感觉自身处于劣势因此产生被剥夺感，这种感觉具有主观色彩，与个人的对于公平的认知以及自我认同感有关系，这种感觉贫困不是与绝对的收入贫困标准比较，而是与其他群体或者与自己过去相比，产生相对剥夺感和相对排斥感[2]。相对贫困的内涵具有多维性。绝对贫困经济上更进一步说是收入上的贫困，而相对贫困除了经济上的贫困，还涉及健康、权利、能力、教育、医疗、社保、机会、制度等多个维度的贫困[3]。有的学者把贫困界定为营养、健康、教育、住所、生理需求的剥夺，以及无话语权、无尊严等社会需求的剥夺两种形式。有效拓展相对贫困的内涵，对于贫困的认识更加全面、深入，也为制定贫困标准提供了新的思路。

（二）贫困标准的制定

绝对贫困是生存性贫困，难以维持最基本的生存需要的状态，而相对贫困是通过比较确定的概念，如上所述，一定时期相对于生活在同一区域的其他群体，处于较低的生活水平，或者与社会平均生活水平相比，达不到社会平均生活水平[4]。不同国家有不同的相对贫困标准。

---

[1] 顾海英. 新时代中国贫困治理的阶段特征、目标取向与实现路径 [J]. 上海交通大学学报（哲学社会科学版），2020，28（6）：28-34.

[2] 吴振磊，王莉. 我国相对贫困的内涵特点、现状研判与治理重点 [J]. 西北大学学报（哲学社会科学版），2020，50（4）：16-25.

[3] 陈宗胜，黄云，周云波. 多维贫困理论及测度方法在中国的应用研究与治理实践 [J]. 国外社会科学，2020（6）：15-34.

[4] 杨菊华. 后小康社会的贫困：领域、属性与未来展望 [J]. 中共中央党校（国家行政学院）学报，2020（1）：111-119.

1. 收入比例法

大多数高收入国家采用收入比例法来确定相对贫困的标准,但他们选择的比例不同。经合组织在 1976 年对成员国提出以本国居民人均收入的中位数的 50% 或者平均水平的 50% 作为相对贫困的确定标准,低于这个水平就属于贫困,并根据这个数据确定生活补助发放标准。欧盟是将人均收入中位数的 60% 作为制定相对贫困标准[1]。使用这个方法确定相对贫困标准成本低,可以据此开展社会救助水平的比较研究。

2. 基于基本需求确定贫困线

少数的高收入国家仍然采用货币收入来确定贫困线,根据维持基本生活需要的收入设定贫困线。比如美国的做法,根据营养需求计算贫困门槛线,1964 年首次发布贫困线,家庭年收入低于 3000 美元归为贫困,深度贫困是指家庭年总收入水平低于国际制定贫困线的 50%,同时作为相对贫困的对照。美国计算贫困线的方法基本属于绝对贫困的范畴,在数值上常年维持在国民收入中位数的 30%,也具有相对贫困的属性。

3. 中国贫困标准的制定

国内贫困标准制定从 1978 年开始,随着经济社会的发展不断进行调整,同时分别从食品和货币角度制定贫困标准。基准营养摄入量为每人每天 8790.2 千焦,1978 年的标准是每人每天达到 8790.2 千焦营养摄入量的食物支出占总支出比重为 85%,货币标准是每人每年 100 元;2000 年的标准是每人每天达到 8790.2 千焦营养摄入量的食物支出占总支出比重下降到 60%,货币标准是每人每年 865 元;2010 年除了保证每人每天 8790.2 千焦营养摄入量,同时增加了 60 克蛋白质摄入的要求,货币收入贫困标准按照 2010 年价格调整到 2300 元[2]。这三个时期设定的食物标准或者非食物标准都是根据当时的经济发展情况制定的,具有相对性。后来国内学者提

---

[1] 陈宗胜,黄云,周云波. 多维贫困理论及测度方法在中国的应用研究与治理实践 [J]. 国外社会科学,2020 (6):15 – 34.

[2] 鲜祖德,王萍萍,吴伟. 中国农村贫困标准与贫困监测 [J]. 统计研究,2016,33 (9):3 – 12.

出过不同的贫困标准，基本是使用两种方法，一是基于基本需求方法确定绝对贫困标准，按照购买力平价计算 2015 年我国贫困标准是每人每天 2.2 美元；二是基于相对收入法确定的相对贫困标准，将全体人口中没有达到社会平均人均收入或者中位数的群体认定为贫困①。

基于基本需求方法设定的绝对贫困标准没有形成统一观点，对于满足基本生存需要的收入应该是多高有不同的看法，由于各区域间价格指数的差异，使得地区间横向比较难以进行，而且这样确定的贫困标准直接体现出结果，反映不出致贫的原因。根据相对收入方法设定的相对贫困标准同样存在不同的看法，主要集中在两个方面，一方面到底是根据收入平均数还是收入中位数设定贫困标准，另一方面以确定的基数的 40%、50% 还是其他的比例设定贫困标准看法也不尽相同。不论是根据基本需求还是根据相对收入确定的贫困标准都是一维的，近年来，研究贫困问题和收入分配问题的一些学者提出多维贫困标准和多层贫困标准。

多维贫困（Multidimensional Poverty）理论是阿玛蒂亚·森（Sen Amartya）始创的，他将贫困定义为"可行能力"的缺失，由此发展起来多维贫困理论。国外对多维贫困的研究已有很长时间，1987 年，A·Hagenaars 使用社会福利函数构造包括收入和闲暇两个维度的 H–M 指数来测度贫困，这是第一个多维贫困指数。1990 年，联合国开发署（UNDF）发布的《1990 年人类发展报告》中在"可行能力"的理论框架下提出人类发展指数，包括预期寿命、预期受教育年限、人均国内生产总值（根据购买力平价进行折算）3 个维度。1997 年，联合国开发署又提出人类贫困指数（Human Poverty Index，HPI），发展中国家和发达国家对于 HPI 指数有不同维度的定义，发展中国家从寿命、读写能力、生活水平 3 个维度制定 HPI 指数，用 HPI1 表示；发达国家制定 HPI 指数从 4 个维度：寿命、16—65 岁人口缺乏技能人数占比、达不到平均水平的人均可支配收入占比、失业

---

① 汪三贵，曾小溪. 后 2020 贫困问题初探［J］. 河海大学学报（哲学社会科学版），2018，20（2）：7 – 13，89.

率，用 HPI2 表示。通常使用 HPI1 来衡量一个国家人类发展水平。在 2000 年，联合国发布的《千年发展目标》中列出 8 个目标，分别是消除极端贫困与饥饿，普及小学教育，促进性别平等和增强妇女权能，降低儿童死亡率，改善孕产妇保健，与艾滋病、疟疾和其他疾病做斗争，确保环境的可持续性和全球合作促进发展，这八大目标为研究贫困问题的学者选择多维贫困的维度提供了参考。2007 年牛津大学的贫困与人类发展中心主任阿尔基尔与福斯特提出计算多维贫困指数的 Alkire – Foster（A – F 法）方法，多维贫困指数（Multidimensional Poverty Index，MPI）的构建选取 3 个维度：（1）健康，包括营养状况、儿童死亡率；（2）教育，包括儿童入学率、受教育程度；（3）生活水平，包括饮用水、电、生活用燃料、室内空间和面积、环境卫生、耐用消费品①。他们的研究团队提出的 MPI 指数在 2010 年正式被联合国开发计划署使用，从而替代了 HPI 指数。

国内多维贫困指数构建研究起步晚，基本是按照国外的方法同时结合中国实际来构建的。2005 年李小云从 3 个维度包括 8 个具体指标构建了参与式贫困指数②。陈立中从收入、知识与健康 3 个维度构建 Watts 多维度贫困指数③。王小林、阿尔基尔利用 CHNS 数据（2006）从住房、饮用水、卫生设施、电、资产、土地、教育、健康保险 8 个多维贫困维度测算了中国城乡家庭的贫困程度④。邹薇、方迎风利用 CNHS 数据，在可行能力的理论框架下，从收入、教育和生活水平 3 个维度考察了中国多维贫困状况⑤。张昭使用 CFPS（2014）农村样本数据，从收入、健康、教育、生活

---

① Alkire. S. & Foster. J. Multidimensional Poverty Measurement [J]. Journal of Public Economics, 2011, 95 (7 – 8): 476 – 487.
② 李小云，李周，唐丽霞，刘永功，王思斌，张春泰. 参与式贫困指数的开发与验证 [J]. 中国农村经济，2005（3）：39 – 46.
③ 陈立中. 转型时期我国多维度贫困测算及其分解 [J]. 经济评论，2008（5）：5 – 10.
④ 王小林，Sabina. Alkire. 中国多维贫困测量：估计和政策含义 [J]. 中国农村经济，2009 (12): 4 – 10.
⑤ 邹薇，方迎风. 关于中国贫困的动态多维度研究 [J]. 中国人口科学，2011（6）：49 – 59.

状况、卫生、食物支出等维度考察中国农村多维贫困状况①。2020 年之后，中国多维贫困设定从三大维度：经济、社会、生态环境，具体指标包括收入、就业、教育、健康、社保、信息获得、生态环境②。针对农村，有学者提出以农民人均可支配收入中位数的 40%，加上教育、健康、社保、对外沟通设定多维贫困标准③。

总体来看，国内外学者设定多维贫困指数的考察维度有所不同，所考察的维度总体分成两大块，其一是收入维度；其二是非货币维度，比如健康、教育、卫生、居住条件、公共物品的拥有量、心理健康、社会关系等。本书衡量贫困使用的也是多维贫困指数，具体包括的指标详见实证部分。

以上是从多个维度考虑设定贫困标准，中国幅员辽阔，各个地区经济社会情况差异很大，有学者提出设定多层贫困标准，国家层面一个标准，地方层面的省、市、县分别制定④，本人认为这样设定贫困标准操作性不强。

以上关于相对贫困的设定总结如表 2-1 所示。

表 2-1　　　　　　　　　相对贫困标准设定

设定方法	相对贫困标准
基本需求法	设定更高水平的绝对贫困标准（2015 年人均每天 2.2 美元）
相对收入法	收入中值的某个比例
	收入均值的某个比例
其他方法	多维贫困指数
	多层贫困

---

① 张昭，杨澄宇，袁强. 收入导向型多维贫困测度的稳健性与敏感性 [J]. 劳动经济研究，2016，4 (5)：21.

② 陈宗胜，黄云，周云波. 多维贫困理论及测度方法在中国的应用研究与治理实践 [J]. 国外社会科学，2020 (6)：15-34.

③ 孙久文，张倩. 2020 年后我国相对贫困标准：经验，实践与理论构建 [J]. 新疆师范大学学报（哲学社会科学版），2021，42 (4)：14.

④ 潘文轩，阎新奇. 2020 年后制定农村贫困新标准的前瞻性研究 [J]. 农业经济问题，2020 (5)：11.

(三) 相对贫困的成因研究

1. 相对贫困成因的理论基础

贫困的问题研究由来已久，形成了非常丰富的成果，总体来看贫困生成的经典理论成果有"马尔萨斯人口致贫论""马克思剩余价值论""拉格纳·纳克斯贫困恶性循环论""纳尔逊均衡陷阱论""利本斯坦临界最小努力论""缪尔达尔循环累计因果论""森权力与可行能力论"。

1798 年，古典经济学家马尔萨斯（Malthus）认为人口按几何级数增长，与此同时物质资料按算术级数增长，如果不进行人口控制，那人类势必会陷入贫困。1847 年，伟大的无产阶级导师马克思（Marx）认为在资本雇佣劳动的生产方式下，全部的价值是工人劳动创造的，既包含基本劳动报酬又包含被资本家无偿占有的剩余价值，工人被资本家剥削从而陷入贫困，资本规模不断增长，工人就越加贫困，因为工人必需的生活资料被相对压缩得更低，陷入相对贫困[①]。1953 年，拉格纳·纳克斯（Ragnar·Nurkse）提出"贫困恶性循环论"，他认为一个国家或地区穷是因为他穷，缺乏资本是穷的核心因素，进一步阻碍了资本的形成，从而这些国家或地区陷入长期贫困。1956 年，纳尔逊（Nelson）提出"低水平的均衡陷阱论"，他认为一些发展中国家存在一种低水平均衡现象，就是收入在一个低国民收入左右波动，难以越过这个低水平收入。1957 年，利本斯坦（Leeibenstein）在贫困恶性循环论和低水平均衡陷阱论基础上提出，发展中国家必须要受到大于临界最小规模的人均收入增长刺激才能越出陷阱实现高水平增长实现脱贫。同样在 1957 年，瑞典经济学家缪尔达尔（Karl Gunnar Myrdal）提出循环累积因果关系论，他认为社会经济发展是个动态的过程，社会经济运转各要素间是一种互相循环的因果关系，会存在一种累积性的循环发展趋势，不公平的收入分配与资本积累会形成贫者越贫、富者越富的马太效应。1980 年，新福利经济学代表阿玛蒂亚森（Amartya·

---

① 马克思. 雇佣劳动与资本 [M]. 北京：人民出版社, 1961.

Sen)提出权利与可行能力贫困论,他认为穷的人之所以穷是因为其权利或者说可行能力被剥夺,从而无法获得正常的生活,得不到"自由",获得不了全面发展,最终陷入贫困之中。

2. 相对贫困成因的相关研究

造成个体相对贫困的因素是多方面的,教育、健康、医疗、社会制度等都会使个体或者家庭陷入相对贫困,学术界对于这个问题的研究多集中于人力资本、社会资本、主观内在驱动力与外部因素4个方面。

(1) 个体人力资本差异的影响。在 Amartya·Sen 的可行能力分析框架下,贫困就是能力贫困,是个体能力的缺失或弱化。有学者提出劳动力自身健康状况与受教育的水平是影响其生产力进而影响其收入的两大重要因素,能够有效降低相对贫困程度(Behrman, 1990; Roberts, 2001)。一些学者利用微观调查数据进行实证分析发现教育与农村居民相对贫困存在显著负相关关系,文化水平教育水平相对高的地区,其居民相对贫困程度明显越低(刘修岩,2007;夏春萍,2019;陈笑丽,2020)。胡志平(2021)提出教育、医疗等公共服务—人力资本—可行能力—收入(贫困)的贫困形成链条,他认为经济学中人力资本是可行能力的关键因子,而人力资本又是教育和医疗这些基本公共服务形成的结果[①]。教育对减缓相对贫困的作用十分显著[②]。教育水平贫困会通过父代影响子代的代际传递路径使得贫困家庭的下一代甚至下两代都难以摆脱贫困(杨龙和李萌,2017)。

健康的身体可以提升个人的幸福感,也能提高自身的生产力获得更多的收入,而受到健康缺失的冲击一方面会消耗以往积累的财富而可能陷入贫困,另一方面会消耗身体蕴藏的创造财富的能力而陷入贫困,因此个体健康的冲击会使农户陷入相对贫困(Krishna, 2010; Liu, 2016;左停和徐小言,2017;段文斌,2018)。汪三贵和刘明月(2019)认为中国在2020

[①] 胡志平. 基本公共服务、脱贫内生动力与农村相对贫困治理 [J]. 求索, 2021, 000 (006): 146-155.

[②] 贾玮,黄春杰,孙白才. 教育能够缓解农村相对贫困吗?——基于农村家庭多维相对贫困的测量和实证分析 [J]. 教育与经济, 2021, 37 (5): 11-19.

年之后进入相对贫困治理阶段，老弱病残等特殊群体脱贫能力低下甚至不具备脱贫能力，他们已成为相对贫困的稳定载体[1]。罗必良（2020）认为贫困群体要彻底实现脱贫必须要提升综合素质，但是这些人往往对教育回报率有着低预期，因此教育投资不足甚至缺失，使得他们自我发展能力与动力的形成受限，而且会减少对子女的教育投入，提升了子代的贫困发生概率[2]。还有学者从家庭结构特征分析贫困成因，实证分析并验证了年龄、婚姻、教育程度、家庭劳动力数量、家庭老年人数量、身体健康状况对相对贫困的重要影响（郭熙保和周强，2016；侯亚景，2017；仲超和林闽钢，2020）。

（2）社会资本。中国是一种"关系型社会"，社会资本是一种无形资产内嵌于个人的生活中，为个体参与社会各种活动提供便利，能产生显著"减贫效应"[3]。在2001年，林南就关注到社会资本不平等对收入分配不平等的影响机制，此后重点研究微观个体的社会资本尤其聚焦社会网络这一指标的减贫效应。学者分别从静态和动态两个角度研究了社会资本的减贫效果，研究发现农户在社会资本方面有优势可以显著改善其相对贫困境况（周晔馨等，2014；刘宗飞，2016）。也有学者研究了社会资本与农户相对贫困减缓之间的效应，研究发现合作参与会拓宽和加强社会网络、提高个体和群体之间的社会信任，通过社会资本积累的增加来达到缓解农户相对贫困的效果（罗明忠等，2021）。吴宗友（2022）实地考察了皖北镇某村，发现在农村全留守家庭，这些家庭往往也是当地典型的贫困群体，他们的社会关系网络匮乏，传统乡土信任断裂，从而使得他们被边缘化、无为化、相对贫困化[4]。

因此，社会资本可以为个体带来价值，它的核心载体是社会网络和社

---

[1] 汪三贵，刘明月. 健康扶贫的作用机制、实施困境与政策选择［J］. 新疆师范大学学报（哲学社会科学版），2019（3）：11.

[2] 罗必良. 构建"三农"研究的经济学话语体系［J］. 中国农村经济，2020（7）：22.

[3] 王朝明，姚毅. 中国城乡贫困动态演化的实证研究：1990—2005年［J］. 数量经济技术经济研究，2010（3）：13.

[4] 吴宗友，丁京. 过渡型社区的空间"聚—离"与包容性治理［J］. 中州学刊，2022（6）：9.

会信任,这是相对贫困的主要影响因素。

(3)主观发展动力不足。有学者从心理健康角度研究相对贫困问题。那些处于相对贫困境况的群体往往会有自卑心理,这种自卑的精神、心理贫困又会加速群体的经济贫困,经济贫困与精神和心理贫困存在恶性循环关系(李永友和沈坤荣,2007;高强和孔祥智,2020;邹迎香,2021)。唐任伍(2019)认为中国长期以来"输血式"扶贫模式某种程度上滋养了贫困群体"等靠要"的被动依赖思想,而且中国政府实施的个性化扶贫政策造成不同类型贫困人员的攀比心理,产生巨大心理落差,极大降低了贫困群体主观的脱贫能动性[①]。雷勋平和张静(2020)认为贫困群体根深蒂固的心理因素是形成贫困的不可忽视的因素,贫困群体观念落后,自身脱贫意识弱,加上能力弱,产生了长期持续的影响[②]。

(4)相对贫困生成的外部原因。一是制定层面的因素,二是各种风险的冲击。

马克思认为资本主义私有制是贫困生成的根本原因,马克思贫困理论的精华就是制度致贫。资本主义私有制造成资产阶级对无产阶级的剥削,这是无产阶级贫困的根源。叶普万(2005)认为在制度层面使得一些群体难以获得和其他社会大众一致的物质生活和精神生活资源,从而处于贫困状态。有学者认为相对贫困是收入分配制度不合理导致的结果(李永友和沈坤荣,2007;汪三贵和曾小溪,2018)。

贫困群体普遍可持续生计能力弱,易受风险的冲击(韩峥,2004;张琦,2020)。特殊的自然环境、所处的地理位置、不便捷的交通条件、恶劣的自然条件、频发的自然灾害极大限制了贫困地区的内生发展潜力(陈烨烽等,2017;周国华,2020)。中国有相当部分的群体住在偏远贫瘠的地方,气候条件恶劣,极易受到自然灾害的影响,严重影响农民的收入[③]。

---

① 唐任伍,肖彦博. 精准扶贫的株洲经验[J]. 人民论坛,2019.
② 雷勋平,张静. 2020 后中国贫困的特征、治理困境与破解路径[J]. 现代经济探讨,2020(8):24-28.
③ 汪三贵,刘明月. 从绝对贫困到相对贫困:理论关系、战略转变与政策重点[J]. 社会科学文摘,2020(12):17-20.

第三节　健康人力资本代际传递

Schultz（1962）认为，"人力资本理论把每个人的健康状况都当作一种资本的储备，即健康资本，并认为它要通过健康服务来发挥作用"。健康是一种特殊的具有内在价值的人力资本，与其他人力资本不同的是健康很大部分来自家庭内部的代际传递，初始的健康人力资本积累来自基因遗传，后期的健康人力资本的积累取决于家庭的健康投资。因此，初始的健康个体差异将会由于代际关系传递给下一代，甚至健康差异会得到进一步扩展。

代际相关性是引起父代与子代间健康相似的重要特性，当母亲身体弱、有重大疾病时，她的孩子身体状况一般也存在问题（孙祁祥和彭晓博，2014），父母的健康状况很大程度上影响子代的健康（Coneus 等，2012），父代健康显著影响子代健康（谈甜和和红，2021）。Almond 等（2012）研究了女性所处疾病环境与孩子健康的关系，发现女性暴露在疾病环境中，生育低体重婴儿的概率显著增加[①]。衡量健康的指标有主观自评健康、客观 BMI 指数等，一些学者使用 BMI 指数作为测度健康的指标来研究健康代际传递问题，研究发现，父代的 BMI Z 评分与子代 BMI Z 评分存在强的正向关系（Dolton 等，2015；谢东虹和朱志胜，2020），父代 BMI Z 评分每增加一个单位，子代的 BMI Z 评分将上升 20%[②]。健康作为人力资本的重要组成，势必会影响代际健康流动[③]。在亲生子女的样本分

[①] Almond D., Currie J., Herrmann M. From Infant to Mother: Early Disease Environment and Future Maternal Health [J]. Labour Economics, 2012, 19 (4): 475 – 483.

[②] Dolton P., Xiao M. The Intergenerational Transmission of Bmi in China [J]. Economics & Human Biology, 2015, 19 (12): 90 – 113.

[③] Halliday T., Mazumder B., Wong A. Intergenerational Health Mobility in the Us [M]. Social Science Electronic Publishing, 2018.

析中，BMI代际弹性为0.2，但是在领养子女样本中则不存在显著的代际关联①。

Lahm和Schultz（1979）就健康水平与教育投资、产出的关系进行了研究，发现健康的人会接受更多的教育，有利于人力资本的总体提升，从而延长了职业生涯。健康人力资本投资可以提高目前和未来人力资本，直接促进现在和未来生产力增长。Levert（1975）、Sokerviel（1982）、Mitchell（1992）以及樊明（2002）从不同角度分析健康投资对劳动力市场表现的影响，结论显示，越健康的人参与劳动力市场的概率越大，获得就业机会的概率越大，工资水平越高，工作时间越长。Grossman（1972，2004，2009）指出，健康既是一种消费品，它可以使消费者感觉良好，同时又是一种投资品，因为健康状态将决定消费者可利用的用于工作和闲暇的时间，生病天数减少的货币价值也是健康投资的回报。Becker和Tomes（1970，1986，1993）以家庭为单位，建立了人力资本投资模型，从理论上阐述了人力资本代际流动传递机制。Eide和Showalter（1999）、Restuccia和Urrutia（2004）进一步证明了教育对代际收入传递的重要影响。Mulligan（1999）利用逐步回归方法估计了教育质量、地理位置等因素对代际传递的影响。Bowles和Gintis（2002）通过分解代际收入弹性，分析了基因因素与环境因素对代际传递的贡献度。Bowles（1972）、Meade（1976）、Aktinson（1983）指出，收入较高的父辈拥有更多社会资本，父辈的社会关系和社会资本增加了子辈机会，进而影响子辈收入。郭丛斌和闵维方（2009）从教育学角度研究了教育对创建中国代际流动机制的重要性。姚先国和赵丽秋（2006）衡量了教育、健康和职业对中国居民收入代际流动性的影响，发现三者之和仅能解释中国代际收入流动性的19%。陈琳和袁志刚（2012）研究发现人力资本、社会资本和财富资本对中国代际收入传递的解释力达60%以上。

---

① Classen T. J., Thompson O. Genes and the Intergenerational Transmission of BMI and Obesity [J]. Economics and Human Biology, 2016, 23 (12): 121-133.

健康人力资本从三个途径在代际传递。受教育水平越高、对健康的认知水平越高的父代对子代产生潜移默化的影响，使子代也能获得并积累更多的健康认知（Rimal 等，2003；Shaw，2011；俞佳立，2020）。代际健康行为的传递和社会化可以塑造子代健康行为或者不健康行为（Mollborn 等，2014）。父代的健康行为和习惯对子代会产生示范效应，使子代也出现相似的健康行为和习惯（Murray 等，2008；唐雯等，2014；Aizer 等，2014）。比如，父代有抽烟、酗酒的行为习惯，会影响子代健康质量，子代有很大的可能会学习父代的不良行为，从而降低子代健康人力资本积累。父代的健康投资是塑造子代的健康人力资本的第三条路径。父代收入高就有条件对自己、对孩子进行高水平的健康投资，通过均衡营养、改善遗传基因等方式提升后代的健康禀赋（高盼盼等，2021）[①]。相反，低收入家庭医疗保健支付能力差，后代可能难以脱离"病—穷"的恶性循环（吕文慧和赵全靓，2020）。父代绝对收入影响子代健康禀赋及进一步的健康人力资本积累，收入分配同样会决定子代健康结果[②]。

第四节 贫困代际传递

美国人类学家奥斯卡·刘易斯（Oscar Lewis）在 1959 年提出了贫困代际传递的概念，他说："贫困以及导致贫困的因素，在家庭内部会由父母传递给子女，子女在成年之后重蹈父母的境遇——继承父母的贫困，以及导致父母贫困的不利因素，并将这一切再次传递给自己的后代，形成代际

---

① 高盼盼，冯喜良，尹振宇. 人力资本视角下社会经济地位代际传递效应研究［J］. 经济与管理研究，2021，42（8）：11.
② 张行，罗睿络. 什么在吞噬居民健康——来自收入分配不平等的解释［J］. 财会月刊，2020（8）：8.

恶性循环链；贫困代际传递也指在一定阶层范围，贫困以及导致贫困的相关因素在代与代延续，使后代重复前代的境遇。"① 这是目前学术界比较一致认可的最早的贫困代际传递概念。此后贫困代际传递作为一种持续性的现象，已经受到很多学者的关注，消除贫困代际传递成为全球关注的消除贫困的主要问题。

Mayer（2002）、Blanden 和 Gregg（2004）、Currie 和 Shields（2007）提出贫困家庭子女由于在教育、就业以及健康等方面都处于相对弱势，因此出现代际贫困。而 Corcoran（2001）利用 PSID 数据库对美国贫困代际传递进行研究，发现贫困代际传递发生在黑人家庭的比例达30%，而白人家庭只有7%左右，由此他认为代际贫困与种族有关。Blanden 和 Gibbons（2006）考察了英国的贫困代际传递，发现16岁时经历过贫困的人中有19%在成年后仍处于贫困状态，由此他认为代际贫困与年龄有关。贫困代际传递问题已是一个国际性研究领域，研究成果广泛，涉及收入、父母素质与父母受教育程度、性别与营养投资、基因遗传与疾病等方面（Baulchand 和 Mculloch，2002；Quisumbing，1997；Yaqub，2001；Yamano 和 Alderman 和 Christiaensen，2005；Guo 和 Harris，2000；Carvalho，2012；Lessard 和 Raynault，2017）。Rodgers（1995）使用美国20多年（1970—1990年）的数据进行计量分析，发现所研究样本中16%—28%的"穷二代"成年之后依然是穷人②。Lee 和 Solon（2009）研究得出结论：美国和英国收入代际传递趋势在增强③。

穷人能够获得的卫生保健等公共服务相对不足从而使之随后陷入贫困之中，他们能够获得的营养和健康不足，而营养和健康是造成贫困代际传递的重要原因（Peter 等，2008；Kabir 和 Maitrot，2018）。教育是造成贫困

---

① Lewis, O. Five Families: Mexican Cases Studies in the Culture of Poverty [M]. New York: Basic Books, Inc, 1959.
② Rodgers, J. R. An empirical study of intergenerational transmission of poverty in the United Statss [J]. Social Science Quarterly, 1995, 76 (1): 178 – 194.
③ Lee, C. I. & G. Solon. Trends in intergenerational income mobility [J]. Review of Economics and Statistics, 2009, 91 (4): 766 – 772.

代际传递的又一个重要因素。一方面，贫困的家庭无法给子女提供高质量的教育投入，其子女可能进入教育质量差的学校就读，甚至会因为贫困而辍学，受教育水平低的子女成年后的收入多半也不高（Moore，2001；Kabeer 和 Mahmud，2009；Sam，2016）。另一方面，神经机制是教育影响贫困代际传递的又一个途径，受教育水平越好的父代其子女越聪明，智商越高，成年后的收入也会越高，反之亦然。遗传学和神经元经济学研究表明，父代受教育水平与子代的颞叶、扣带回、额叶之间存在着显著的相关性，与子代的左侧额上回皮质厚度具有显著相关性，父母受教育水平越高，其子女的颞叶的皮质面积越大，扣带回表面积越大且皮质越厚，左侧额上回皮质越厚，这些器官特征往往表明子代更聪明（Lawson 等，2013）。很多时候那些贫困家庭的子代的 IQ 得分较低，阅读能力与数学思维能力也相对差一些（Brooks Gunn 等，1997）。贫困的父代带给子女的这些影响造成了贫困的代际传导（周加仙等，2018）。

在导致贫困代际传递的除家庭以外的其他外部因素研究中，已有成果广泛涉及种族与种族划分、社会等级制度、家族集团与家族荣誉、国籍与民族以及宗教和信仰等方面（Behrman、Pollak 和 Taubman，1995；Moore，1999；Nicolay 和 Hansen，2009；Simms 和 Persaud，2009）。汪燕敏和龙莹（2009）、方鸣和应瑞瑶（2010）通过调研和实证发现中国确实存在贫困代际传递现象；尹海洁和关士续（2004）通过计量方法对贫困人口进行了代际比较，阐述了农民贫困代际传递对社会、家庭和个人的负面影响；林闽钢（2012）等对农村贫困代际传递的成因进行了分析。马文武、杨少垒和韩文龙（2018）通过实证分析发现，关注贫困家庭的教育和健康能够有效降低贫困的代际传递[①]。

[①] 马文武，杨少垒，韩文龙. 我国贫困代际传递及动态趋势实证研究 [J]. 社会科学文摘，2018（6）：3.

第五节 健康与贫困关系

Judge 等（2001）研究发现收入差异会对居民健康水平产生正向影响，原因有三点：第一，经济高速增长伴随收入差距拉大，我国实行累进税率的税收政策，政府的税收收入因高收入人群而增长，可以增加政府购买在总支出当中的比例进而增加医疗资源的投资建设；第二，一部分高收入人群可能会对医疗等社会服务进行投资；第三，收入差距扩大后，可能会使低收入人群数量减少，收入不平等的现象会使贫困人口心理负担加重、健康水平低下，因此低收入人群数量的减少对于居民健康水平的整体提升具有积极作用。Lynch（2004）、余央央等（2006）也认为收入差异对健康的影响是正向的。

王怀明（2014）认为农村居民的健康与收入具有正向关系，与收入差距具有反向关系。他的研究结果显示，在农村居民收入增长的同时，收入差异也越来越显著[①]。周焕等（2017）、王怀民等（2011）都认为收入差距的扩大会使资源配置出现不平等的现象，导致公共医疗卫生服务利用不充分以及公共医疗设施供给不足，从而会对健康产生负面作用，尤其是农村内部收入差距的扩大会对农村居民健康具有明显的抑制作用。秦立建等（2012）通过运用赫克曼样本选择模型和前定变量解决内生性，发现健康状况不佳会显著负向影响农民工外出务工劳动供给时间。章文坤（2019）分析发现主观相对收入越高，健康改善的可能性就越大，并且发现相对收入差异越大对老年人健康越不利[②]。刘凯凯等（2014）认为收入越高的国家拥有更高的城镇化水平和更长的预期寿命，低收入国家恰恰相反，从不

[①] 王怀明，王翌秋，徐锐钊. 收入与收入差距对农村居民健康的不同影响——基于夏普里值分解 [J]. 南京农业大学学报（社会科学版），2014.

[②] 章文坤. 相对收入对中老年人健康变化的影响研究 [D]. 长沙：湖南大学，2019.

同收入国家来看，人均 GDP 和城镇化对于居民健康的影响，随着收入的提高而逐渐递减，也就是说，收入越高，各种经济因素对健康的影响作用越小。赵伟峰（2017）通过中国健康与营养调查（CHNS）的数据研究发现，居民健康不平等现象对农户的收入水平具有显著的消极影响，会使农户的收入水平平均下降 5.62%。陈梓森等（2021）认为居民的心理健康和生理健康水平会随着劳动收入的提高而上升，且有锻炼习惯和参加社会医疗保险的居民健康状况会更好[①]。陈安平（2011）认为收入对健康的影响因城镇和乡村而不同：农村居民收入提高会显著影响健康水平，而城镇居民的绝对收入对于健康水平的影响并不明显。魏众（2004）发现农村居民健康水平的提升会刺激劳动参与率的增加，而非农就业的参与率对增加农村居民收入具有非常显著的影响。

国外大量实证研究发现：（1）健康对贫困的影响呈负相关关系（Sahn，2014；Cutler 等，2008；Huffman 和 Orazem，2007；Grossman，1972）。（2）贫困对健康的影响呈现负相关关系。与此相关的有 5 个假说：绝对收入假说（Perston，1957；Gravelle，1998）、相对收入假说（Wilkinson，1996）、相对地位假说（Wilkinson，1996）、收入不均等假说（Melor 和 Milyo，2002）、匮乏或贫困假说（Wilkinson，1997；Wagstaff 和 Van Doorslaer，2000）。（3）贫困与健康的双向影响关系。Smith（2003，2004，2007）分别考察了健康冲击对收入的影响以及收入对健康的影响，在两个方向上均发现了显著关系。（4）贫困与健康的因果关系研究。Goldman（2001）、Strauss 和 Thomas（1998）、Smith（1999）发现研究健康与贫困之间的因果关系存在困难。一方面，计量识别上许多无法观测的变量可能同时影响收入和健康；另一方面，收入和健康之间存在双向、正相关关系，可能是良好的健康状况导致了更高的收入，也有可能是更高的收入导致了良好的健康状况。国内研究二者关系主要集中在：（1）健康对贫困的影响呈现负相

---

① 陈梓森，吴钟松. CFPS 面板数据下劳动收入对个人健康影响的实证分析[J]. 企业经济，2021，040（002）：134-142.

关关系，而且健康的收入回报存在差异。张车伟（2003）利用 Mincer 方程的理论框架，测算了健康对农户种植业收入影响，发现几乎所有营养与健康因素都影响到农村劳动生产率，其中营养摄入和疾病的影响最显著。刘国恩等（2004）、张川川（2011）、张玉华和赵媛媛（2015）实证探讨了健康对贫困的负向影响，进一步发现农村的健康收入回报比城市大。（2）贫困对健康有显著负向影响。王怀明等（2014）研究发现居民收入越高，健康状况越好，此外，收入对健康影响随着收入提高呈递减趋势。封进和余央央（2007）、Li 和 Zhu（2006）、温湖炜和郭子琪（2015）研究发现中国居民贫困差异对健康影响呈现"倒 U"形。（3）贫困与健康之间存在双向关系。苑会娜（2009）利用北京市 8 个城区打工农民的健康与贫困数据，采用联立方程估计方法研究发现农民工的健康与贫困形成循环作用机制，初始健康状况越好，外出打工收入越高，个人收入的提高却在损耗健康。

第六节 文献评述

从前面文献回顾可以发现，国内外对于健康不平等、贫困以及代际传递等问题的研究有着较为丰富的成果，对本书开展研究工作提供了坚实的基础，有着重要的借鉴意义。在梳理文献过程中发现以下问题。

（1）关于健康的研究文献并不多。目前关于健康研究的文献多是以身高、体重、BMI 指数等客观指标作为健康的衡量指标，这样的指标只能从某个方面反映样本的健康状况，而健康是个系统问题，这些指标的使用可能与实际健康状况存在误差。本书的实证分析使用 QWB 指数作为衡量样本健康的指标，QWB 指标的建立对健康数据的要求较高，能更全面地反映样本健康状况。

（2）国内的研究从代际视角研究健康的文献并不多见，研究多集中于影响健康的因素分析，而对于健康会在代际传递，其影响因素的分析欠缺，本书详细论证了健康代际传递的机制，可以说是本书的边际贡献。

（3）研究贫困对健康的负向效应文献少，对健康与贫困之间相互影响、互为因果的研究更少。国内外学者对贫困的成因及其代际影响已有大量的研究，在贫困对健康的影响方面达成了一定的共识，在健康影响收入进而导致贫困方面也形成了一定的研究成果。

国内外对于贫困代际问题的研究内容包括两部分：贫困代际传递的内容、贫困代际传递的影响因素。而对贫困代际传递的内在机理研究尚未形成理论框架。国内外的研究集中于健康的贫困效应，通过 IV 方法论证健康贫困负效应，而研究贫困对健康的负向效应文献少，对健康与贫困之间相互影响、互为因果的研究更少。贫困代际传递的影响因素有健康和基因、教育、社会排斥、可行能力、社会关系和生活环境等，主要关注贫困代际传递的成因和影响程度。正如 Schultz 所发现的，影响变量之间的关系尚未形成系统认识。当前人力资本理论主要关注教育等代际传递，对健康人力资本的代际传递关注少，国内研究对健康人力资本代际传递因素淡化，过多强调教育、家庭资本分配等因素。但中国绝大多数贫困是由健康问题引起的，这足以证明 Schultz 研究的重要性，应加强健康对贫困影响的深入研究。

（4）代际传递研究文献中关于"父代贫困差异—子代健康差异"与"父代健康差异—子代贫困差异"非常少。父代健康不平等会影响到子代的健康不平等，首先通过遗传和基因，父代健康状况差的很大程度生出来的孩子存在某种程度的缺陷，其健康状况可能也并不好，其次通过对健康的认知差异、健康行为与习惯、健康投资三个途径影响子代健康。关于父代健康影响子代健康的问题已有很多文献从各种角度进行论证，但是父代的健康不平等也会造成子代的收入（贫困）不平等，对于这个问题的研究文献很少。本书系统研究父代健康对子代贫困的影响机制，为后续论证健康差异与贫困差异两者循环效应代际传递打下基础。

父代贫困状况同样会传递给子女，即存在贫困代际传递现象。国内外研究贫困代际传递基本是从经济学和社会学领域展开的，经济学领域的研究集中于代际收入流动性，计算代际收入弹性系数，研究收入代际传递的程度，社会学领域的研究集中于分析代际收入流动的原因，产生了文化贫困假说、社会排斥假说、社会分层论、社会流动理论与政策贫困假说等理论。父代贫困差异会影响到子代健康状况，这个问题鲜有研究，文献并不丰富。贫困的父母的教育投资、保健投资、营养投资、健康偏好、货币偏好都不同于富裕家庭的父母，自然对下一代的健康产生影响，使得子代健康出现不平等现象，本书对父代贫困差异造成子代健康差异的代际传递问题进行了系统的研究，对现有代际传递问题进行了扩展研究。

（5）研究农民家庭"健康差异"与"贫困差异"两者交互效应的代际传递文献少之又少。以"健康差异""贫困差异"为关键词在知网中搜索，截至目前，只搜到13篇中文文献，英文文献也很少，根据前面文献的回顾总结发现，研究农民家庭健康问题、贫困问题、代际传递问题的文献都有比较丰富的成果，但是研究农村家庭两者循环效应代际传递的文献几乎没有。"小康不小康，关键看老乡"，虽然2020年中国脱贫攻坚战取得了决定性的胜利，但是发展的不平衡问题仍然存在，东西差距、南北差距、城乡差距仍然突出，极大制约了中国走向共同富裕的步伐，农村仍然存在大量的低收入人口，其中很大程度是因病致贫，"穷二代""病二代"屡见不鲜，本书以中国农村家庭为研究样本，系统研究农村居民家庭"健康差异"与"贫困差异"两者循环效应的代际传递，为政府部门决策主体提供关于健康、贫困代际传递的一手信息，使其决策更为精准，有利于乡村振兴战略实施找到发力点，促进农村居民健康和农村经济、社会、文化各方面协调发展。

（6）从健康扶贫角度研究乡村振兴的文献较少。2020年之后中国进入了减贫新时代，全面实现脱贫并不等同于贫困的彻底结束，相对贫困是个伴随人类发展将长久存在的问题，很多农村地区出现复贫与返贫现象，很大程度是健康影响的结果，现有研究乡村振兴的文献很多，但是从健康角度研究的文献并不多见，本书研究将农村地区相对贫困问题的解决机制、路径与乡村振兴战略有效结合，为中国实现脱贫攻坚，实现乡村振兴战略梯次推进的政策制定厘清方向。

第三章 "健康差异—贫困差异"循环效应理论机理研究

第一节 健康与贫困相关概念界定

一、健康及健康差异界定与特点

1946年,《世界卫生组织宪章》中从三维角度指出健康不局限于身体状态完好,而是在身体、心理和社会三个方面都处于良好状态。健康从狭义上可认为是生理上没有疾病,从经济学上可以认为是一种人力资本,目前许多学者的研究采用自评健康为相关指标,个体主观地按照健康等级进行评价,健康等级代表健康水平高低,健康水平差距表征健康差异。这种差异的形成主要原因是自身思想意识,在物质丰富、科技发展迅速的今天,思想意识虽然会随其变化,但是思想意识也有一定的特性。行为经济学中的前景理论指出,个体会根据自己的经历等做出自己的选择行为,当然也会随着所处环境的变化而变化,这就是行为经济学中的情景依赖理论。健康差异形成还有社会环境因素,由于信息时代的到来以及信息科技发展迅速,导致信息不对称的程度增加,城乡以及地区之间的文化习俗存在差异,对于健康及健康差异有一定的影响,因此个体原有的健康禀赋包括对健康人力资本的投资都会有一定的差异。健康差异的特点有：第一，健康状况的易显性和健康思想意识的隐蔽性，健康状况可通过个体的患病情况、精神状态等判断，易于观察，但是健康的思想意识却有一定的隐蔽性，不易观察，同时也随着个体健康思想意识的变化而变化，是一种长期的影响效应；第二，健康差异具有多样化，随着社会各方面的发展，健康差异在不同的条件下呈现不同的差异，同时也较为复杂；第三，健康思想意识具有一定的"刚性"，个体生命周期的发展过程会受到外生因素的影响，但是健康的思想意识却具有刚性，不会轻易改变，尤其在农村居民个体中较为明显，例如，一些农村地区居民在身体患病时总会想着寻找一些偏方，认为便宜有效，这种思想意识根深蒂固。第四，健康差异具有空间关联性。健康差异也存在于整个群体中，在中国农村地区，基于地理位置、环境气候、医疗条件以及相关保障政策的差异，导致农村居民个体之间存在更大的差异，资源的配置在城市农村之间不是均质的，同时具有流动性，导致有相互流动的地区之间在行为包括健康及健康差异方面有许多相似的地方，即农村居民的健康差异在空间存在一定的关联。

二、贫困与贫困差异的界定

Amartya Sen（1981）认为贫困的真正含义是贫困人口创造收入的能力和机会的贫困，意味着贫困人口缺少获取和享有正常生活的能力。贫困是一个相对的概念，对于贫困标准的制定也是随着社会的发展、经济的增长而改变的，目前许多学者用收入指标来研究贫困，对收入进行等级划分，来确定贫困的标准也就是贫困的阈值，当个体收入高于贫困阈值则认为不在贫困范围内，当个体收入低于贫困阈值则认为属于贫困的范畴。根据贫困的划分，贫困阈值有绝对和相对两种，通常以家庭人均收入为贫困阈值划分的是绝对贫困，以家庭人均可支配收入为贫困阈值划分的是相对贫困。习近平总书记于2021年2月25日在全国脱贫攻坚总结表彰大会上提出，我国完成全面脱贫攻坚的任务，基本医疗卫生设施服务在贫困地区全覆盖，贫困地区居民的医疗保障大幅度提升，直接医疗支出减少，相关指标趋近全国平均水平，说明我国已不存在绝对贫困，但是相对贫困仍存在且不会被消除，贫困差异的大小决定着相对贫困的程度。导致居民贫困的因素多样化，而疾病作为农村居民贫困的主要影响因素，农村的贫困居民由于疾病致贫就会形成"疾病—贫困"的循环效应，因此在农村居民之间就会有"健康差异—贫困差异"的循环效应，为缓解这种恶性的循环效应，我国在打赢脱贫攻坚战过程中出台了一系列相关措施。但是健康差异在脱贫攻坚战打赢之后还会存在，农村居民的健康差异会有长期效应，尤其患病甚至患有重大疾病的农村居民，仍会使其自身或家庭陷入贫困，导致在医疗上的支出增加，对生活必需品的支出有所影响。我国农村地区医疗卫生条件相对落后以及资源配置效率较低，是农村居民健康差异较大的影响因素，进而农村居民之间的贫困差异受到一定的影响，在以后降低相对贫困的过程中应对农村居民的健康差异给予更多的关注，将差异尽量缩小，使得"健康差异—贫困差异"的循环效应减慢，改善恶性循环的状况，提升农村居民的幸福感，实现共同富裕的高质量发展目标。

第二节 "健康差异"与"贫困差异"循环效应的理论基础

一、健康人力资本理论

Schultz（1961）提出人力资本的定义，人力资本体现了个人能力、知识储备以及人生资历，可以完美阐释个人能力和素养，并通过后期投资来发挥作用，包括健康、教育、培训、家庭迁移和扩展学习。Mincer（1958）首次指出健康作为资本存量的一种，有一般资本所属的特征，在遗传学上每个人出生时基因决定了健康资本的存量,但是在人生长的周期中会存在一定的折旧,同时也可以对健康人力资本进行投资,因此健康人力资本作为消费品和投资品同时存在。Mushkin(1962)提出健康人力资本的定义,认为其与教育人力资本同等重要。基于目前研究发现,对于教育人力资本的研究多于健康人力资本,健康人力资本的研究是人力资本理论的进步。根据人力资本理论和Becker的家庭生产理论,Michael Grossman发展了健康需求模型,构建了人力资本积累模型框架,从个体水平研究健康、人力资本与消费的关系,强调健康人力资本是个体水平生命周期中重要的投入,决定着健康时间以及投入劳动的时间,因此健康人力资本会随时间折旧,需要对折旧部分进行弥补,即需要进行投资,于是可得健康人力资本的投资函数: $H_{t+1} = H_t(1-\delta) + I_t$,$H_t$ 为第 t 期健康人力资本存量,I_t 为第 t 期健康人力资本的投资,δ 为折旧率。

二、收入假说理论

根据对居民收入进行不同维度的测量,收入假说理论提出了绝对收入、相对收入以及收入差距假说等多种收入假说。Keynes(1936)首次提出绝对收入假说,说明了绝对收入决定消费,Preston和Rodger认为绝对收入对健康人力资本会产生影响,健康人力资本的提升受较高的绝对收入影响,但是此影响的边际效应,最后可能会形成"倒U"形的关系,即绝对收入达到一定程度前绝对收入与健康人力资本呈现正向影响关系,在其之后则呈现负向影响关系。相对收入假说则认为个体健康人力资本受绝对收入水平和相较于其他个体的收入水平的影响,当根据收入水平划分贫困标准后,收入水平低于贫困标准时,健康人力资本会降低,但是相对收入水平较高时健康人力资本降低程度会减小,当收入差距较大时,相对收入水平对个体健康人力资本影响较大。收入差距假说指出收入差距对个体健康人力资本会产生持续的影响,收入差距较小时个体健康人力资本较高,健康状况较好,反之负向影响更大,个体健康人力资本会随着收入差距扩大降低得更快。

三、健康收入效应理论

在个体整个生命周期中，良好的健康状况是普遍的追求目标，是强大经济价值的基础，是个体收入与经济增长的影响因素。有且仅有健康人力资本能决定个体的劳动供给以及时间分配等方面，也决定着其他人力资本发挥作用的程度以及期限，进而对个体收入和经济增长产生影响，且具有长期效应。并且，健康人力资本从劳动参与、劳动时间、劳动生产率、教育以及人口红利五个方面影响收入与经济增长。其一是劳动参与，健康的个体有更多的机会以及主观能动性在劳动市场中进行参与，由于良好的健康状况有易显性，会提供强有力的信息识别机会，进而增大了信息对称的机会，提高了劳动参与率。当劳动供给者在劳动力市场找工作时，有些工作对劳动供给者的健康状况要求较高，同时当劳动力市场竞争较为激烈时，健康状况良好的劳动供给者有更大的机会获得工作，意味着健康状况不良的劳动供给者会被淘汰，因此劳动供给与劳动接受是相对的。其二是劳动时间，健康状况良好的劳动供给者可以提供更长的劳动时间，健康状况影响劳动供给者自身的劳动时间同时也会影响与其一起生活的劳动供给者的劳动时间，健康状况良好的劳动供给者会降低患病的可能性以及患病的时间，另外也会相对较少地影响一起生活的劳动供给者的劳动时间，同时也会减少一些生活成本进而影响收入。其三是劳动生产率，健康状况良好的劳动供给者在其劳动的单位时间内会有更大的产出，在仍以农业为主的农村地区，农村劳动供给者的健康人力资本对其劳动供给影响更为重要，进而影响劳动生产率，其收入也会受到影响，Leibenstein（1957）认为营养摄入水平与劳动供给显著相关，营养摄入水平较高的劳动供给者对劳动生产率有正向影响，根据"物竞天择，适者生存"，健康状况较差且营养摄入水平较低的劳动供给者会在劳动力市场被淘汰。其四是教育，教育是除了健康外人力资本理论中重要的一部分，在劳动供给者生命周期的受教育阶段，健康是主要影响因素，直接影响其接受教育的机会、时长以及效果，进而间接影响其劳动供给以及收入。在生命周期的其他阶段，劳动供给者对自身的教育人力资本的投资也以健康为基础，同时对健康人力资本的投资与教育人力资本的投资是相斥的，一方的投资成本较高时必然会挤占另一方的投资，对劳动供给者的短期以及长期都有一定的影响。其五是人口红利，当老龄化程度较高时，生育率越高的地方，经济增长会更缓慢，因为老年人无法提供劳动供给，而未成年人未到法定提供劳动供给时期，同时符合劳动供给的个体可能会肩负赡养老人与抚养未成年人的责任，此时三方的健康状况都会影响劳动供给，也会影响家庭各项支出，进而影响收入。从长期来看，较高的生育率会在未来改变人口结构，有利于收入的提高与经济的增长。

四、多维贫困理论

Sen（1999）对贫困进行了界定，过去判定人类发展程度主要看收入，但是随着社会的发展，判定人类的发展从多方面进行，例如，健康、教育、出生以及死亡率等，这些因素都对贫困有一定影响，贫困进而影响人类发展，它们具有复杂的关系。基于能力方法提出多为贫困理论，其关键点是个体贫困是收入和消费贫困，还体现在能否享受基础设施服务、能否接受义务教育和健康安全是否有保障等很多方面。根据贫困形成的原因，贫困可分为制度性贫困和资源性贫困，其中制度性贫困是经济、文化和政治制度造成的不同群体或个体之间的贫困，资源性贫困是资源禀赋匮乏造成某些地区无法靠先天条件使生活达到小康水平，同时也无法靠其他方式使生活有所改善而导致贫困。因此，从单一因素判定贫困到多种因素综合判定贫困，更具有说服力，可以更有效地匹配相应措施来改善贫困。从单一维度对贫困进行判定时，Atkinson（1987）提出 D 是一列向量，且向量的元素 $X_i \in D$，为 n 个个体的收入绝对值。Z_j 为第 j 行被剥夺的临界值，$g^0 = [g_i^0]$ 定义为剥夺矩阵，若 $Z_j - X_i > 0$，当且仅当 $g_i^0 = 1$ 时为 X_i 贫困时期，反之 $Z_j - X_i < 0$，当且仅当 $g_i^0 = 0$ 时为 X_i 非贫困时期。从多维度对贫困

进行判定时，$D_{n,d}$ 为 $n \times d$ 维矩阵，且 $x \in D_{n,d}$ 为矩阵元素，是 n 个个体在 d 列上的不同值。x 的第 i 行 j 列元素 x_{ij}，是个体 i 在第 j 维度上的取值，其中 $i=1,2,\cdots,n$；$j=1,2,\cdots,d$。对维度进行加总，得到综合指数进行判定。Foster 等（1984）认为贫困综合指数为 $FGTI = FGT\,I_{(x,z)}$，$FGTI = q/n$，其中 z_j 之下的个体数是 q，这种贫困综合指数的判定方法无法敏感捕捉到贫困的横向与纵向分布。Alkire 和 Foster（2008）扩展发现 $M_{0(x,z)} = U[g^0(k)]$，$M_{0(x,z)} = U(g^0(k)) = HA$。$M_0$ 是扩展后用来判定的多维贫困指数，其中 $H = H_{(x,z)} = q/n$，为贫困发生的频率；若 $c_i \geq k$，则有 $c_i(k) = c_i$；若 $c_i \leq k$，则有 $c_i(k) = 0$。其中，$c_i(k)/d$ 为个体 i 改变贫困的可能性，$A = |c(k)|/|qd|$ 为平均纵向贫困可能性。为了精准判定横向和纵向贫困的可能性，对 M_0 进行范围规定，$M_0 \in (0,1)$，同时 $M_1 = U(g^1(k))$，$M_{1(x,z)} = U(g^1(k)) = HAG$。其中，$G = |g^1(k)|/|g^0(k)|$，$g^1(k)$ 为联合截距矩阵，若 $c_i < k$，则有 $g_{ij}(k) = 0$；若 $c_i > k$，则有 $g_{ij}(k) = g_{ij}^1$；当且仅当 $g^1(k)$ 为纵向贫困的个体，$g^0(k) = c(k)$。继续对 M_0 进行平均严重指数调整，则有 M_2，表示为 $M_2 = U(g^2(k))$，$M_{2(x,z)} = U(g^2(k)) = HAS$。其中，$S = |g^2(k)|/|g^0(k)|$，$g_{ij}^2 = (g_{ij}^1)^2$；$g_{ij}^2(k) = (g_{ij}^1(k))^2$。所有指数形式 M_0、M_1、M_2 都是用来衡量多维贫困的，根据所研究问题以及适配度进行选择。当然在进行加总时选择加权平均的方法，在多维贫困情况下研究某一因素则需要对指数进行分解，分解结果为 $M(a,b,z) = \dfrac{n(a)}{n(a,b)} M(a,z) + \dfrac{n(b)}{n(a,b)} M(b,z)$。

第三节 "健康差异"与"贫困差异"循环效应的理论机制

基于理论基础对"健康差异—贫困差异"循环效应进行机制具体分析。疾病与贫困往往存在交叉效应，"因病致贫"和"因贫致病"直观地表达了疾病与贫困相互传导的作用机制、相互影响的作用过程。对两者关系的认识是后续实证分析的理论起点。在此，借鉴 Sustainable Livelihoods Framework（可持续性农户生计框架）的思想分析"健康差异—贫困差异"循环影响机理，并对其进行理论修正。SLF 模型是对于农户生计特别是围绕贫困问题的复杂因素进行梳理、分析的一种方法，它揭示了农户所处风险性环境、农户生计资产、生计策略以及农户生计结果之间多重性的互动作用关系。健康差异对应生计框架中的风险性环境，而贫困差异对应农户生计结果。如图 3-1 所示，因病致贫的因素有工作时间投入（WT）、工作强度投入（WI）、侵蚀实物资本（CI）、人际网络投资（NH）、其他（O）；因贫致病的因素有教育投资（E）、保健投资（M）、营养投资（N）、健康偏好（T）、货币偏好（I）、其他（U）。

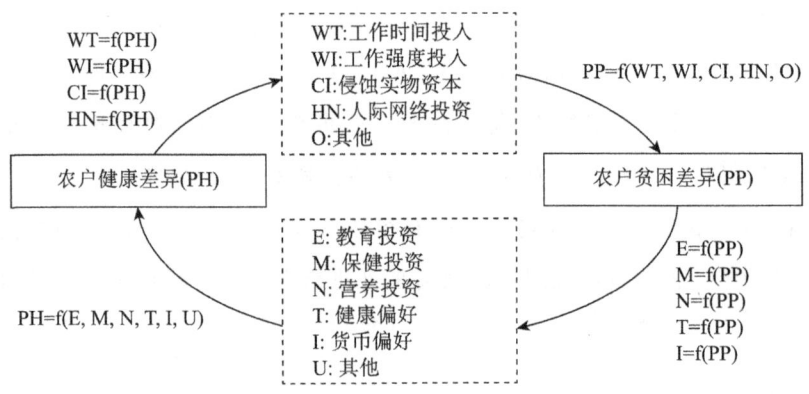

图 3-1 "健康差异—贫困差异"循环效应的理论机理

Petrie 等（2011）提出了一种研究方法，以确定健康变化和收入变化的关系。将死亡者的健康状况定为零，建议将 CI 从初始阶段 s 到最终阶段 f 的变化分解如下：

$$\widetilde{CI}_{ff}^h - CI_{ss}^h = (\widetilde{CI}_{ff}^h - CI_{fs}^h) + (CI_{fs}^h - CI_{ss}^h) = M^R - M^H \quad （公式3-1）$$

其中，度量值上方的波浪号表示该度量值仅定义在初始时期存活到最后时期的子群体上 $\{\Omega_s \cap \Omega_f\}$ 而不是初期的全体人口 Ω_s。因此，初始周期 $CI_{ss}^h = 2\mathrm{cov}(h_{is}, R_{is})/\bar{h}_s$ 中的 CI 是定义在 Ω_s 上的，并且是个体健康 h_{is} 之间协方差的两倍和部分收入等级 R_{is} 按平均健康 $\overline{h}_s$ 标准化,而 CI 在最终时期与 $\widetilde{CI}_{ff}^{h} = 2\widetilde{\mathrm{cov}}(h_{if}, \widetilde{R}_{if})/\widetilde{\overline{h}}_f$ 定义类似,但仅适用于生存到最后时期的个体子集 $\{\Omega_s \cap \Omega_f\}$。最终,$CI_{fs}^{h} = 2\mathrm{cov}(h_{if}, R_{is})/\overline{h}_f$ 定义在 Ω_s 上作为最终期限 CI 的健康 h_{if} 和初期收入等级 R_{is}。

指数 M^R,(公式 3-1)中提供了一种与健康相关的收入流动性度量方法,M^H 为与收入相关的健康流动性的度量,代表初始收入水平不同的个体之间相对健康变化差异的影响,之后将分析与收入相关的健康流动的决定因素。M^H 如果相对健康变化与初始收入等级无关,则为零,如果健康变化趋于均衡,则为正,如果穷人在健康总收益中所占份额较大,或在健康总损失中所占比例较其初始健康份额小,则为负。M^H 反过来又取决于健康变化的渐进性和规模:

$$M^H = Pq = (CI_{ss}^{h} - CI_{fs}^{\Delta h})\left(\frac{\overline{\Delta h_f}}{\overline{h}_f}\right) \qquad (公式3-2)$$

其中,$CI_{fs}^{\Delta h} = 2\mathrm{cov}(\Delta h_{if}, R_{is})/\overline{\Delta h_f}$ 是健康变化的 CI,$\Delta h_{if} = h_{if} - h_{is}$ 按初始收入排序,以及 $\overline{\Delta h_f}$ 是两个时期之间的平均健康变化。不均衡指数 $P = (CI_{ss}^{h} - CI_{fs}^{\Delta h})$ 反映了进步性,如果穷人在总的净健康变化中所占的份额大于他们最初的健康份额,这将是积极的。对于任何给定 P,总再分配效应 M^H 与净健康变化的规模成正比 $q = (\overline{\Delta h_f}/\overline{h}_f)$。注意,$P$ 为正值意味着健康变化将对净健康改善起到平衡作用,而对净健康恶化起到不平衡作用。

M^H 定义在 Ω_s 上并因此捕获由于发病率变化和死亡率而导致的相对健康变化对 CI 的影响。为了区分这两种不同的健康结果对收入相关健康流动的影响,这些健康变化类型分别用上标 MB 和 MT 表示,其对 M^H 的单独贡献如下:

$$\begin{aligned}M^H &= Pq = P^{MB}q^{MB} + P^{MT}q^{MT}\\ &= (CI_{ss}^{h} - CI_{fs}^{\Delta MB})\left(\frac{\overline{\Delta h_f^{MB}}}{\overline{h}_f}\right) + (CI_{ss}^{h} - CI_{fs}^{\Delta MT})\left(\frac{\overline{\Delta h_f^{MT}}}{\overline{h}_f}\right) \qquad (公式3-3)\end{aligned}$$

其中,$\overline{\Delta h_f} = \overline{\Delta h_f^{MB}} + \overline{\Delta h_f^{MT}}$,$\Delta h_{if}^{MB}$ 等于幸存者的发病率变化,而死亡者

为零，Δh_{if}^{MT} 定义为死亡者因死亡而导致的健康损失，幸存者为零；$CI_{fs}^{\Delta MB}$ 和 $CI_{fs}^{\Delta MT}$ 分别是由于发病率变化和死亡率导致的健康变化的 CI。

最后，我们注意到，如果没有死亡，则（公式 3-1）得出 Allanson 等（2010）的分解：

$$\widetilde{CI}_{ff}^h - \widetilde{CI}_{ss}^h = (\widetilde{CI}_{ff}^h - \widetilde{CI}_{fs}^h) + (\widetilde{CI}_{fs}^h - \widetilde{CI}_{ss}^h)$$

$$= \widetilde{M}^R - (\widetilde{CI}_{ss}^h - \widetilde{CI}_{fs}^{\Delta h}) \frac{\overline{\widetilde{\Delta h_f}}}{\overline{\widetilde{h_f}}} = \widetilde{M}^R - \widetilde{P}\widetilde{q} = \widetilde{M}^R - \widetilde{M}^H \quad （公式 3-4）$$

其中，不仅定义了 $\widetilde{CI}_{ff}^h$，还定义了所有其他统计数据定义在 $\{\Omega_s \cap \Omega_f\}$，在这种特殊情况下，其将与 Ω_s 相同。更一般地说，（公式 3-4）将被证明有助于为分析发病率变化对收入的影响提供基础，该影响是在生存到最后一个时期的初期亚人群中发生的。

在接下来的两个部分中，通过开发基于回归的分析来扩展 Petrie 等（2011）的研究方法，以确定与收入相关的健康流动的社会经济决定因素。这是有用的，因为 M^H 不仅取决于健康变化与初始收入之间的直接关系，还取决于影响健康流动性并与初始收入相关的其他因素。

接下来模拟死亡率和发病率变化的决定因素，确定 M^H，我们首先需要建立模型来解释由于死亡率和发病率变化导致的健康变化。为此，我们使用了两部分模型 [TPM；见 Leung 和 Yu（1996）或 Puhani（2000）]：

$$S_{i,t+1}^* = \gamma_0 + \sum_{k=1}^{K} \gamma_k x_{kit} + \gamma_h h_{it} + \vartheta_{i,t+1}; \vartheta_{i,t+1}, N(0,1) \quad （公式 3-5a）$$

$$\Delta h_{it+1} = \begin{cases} -h_{it}; & \text{if } S_{i,t+1}^* < 0 \quad （公式 3-5b）\\ f(\Delta x_{ki,t+1}, x_{ki,t}, h_{it}); & \text{if } S_{i,t+1}^* \geq 0 \quad （公式 3-5c） \end{cases}$$

$$\forall i \in \{\Omega_1 \cap \Omega_t\} \text{ for } t = 1, \cdots, T-1$$

在第 t 期内，如果仅因死亡而不平衡，因此，在 t 期中，包括在该时期内仍然存活的个体 $\{\Omega_1 \cap \Omega_t\}$ 的子集。TPM 的第一部分（公式 3-5a），根据前一时期的健康 h_{it} 和一组死亡风险因素 $x_{kit}(k=1,\cdots,K)$，确定了 $t+1$ 期间的生存概率。假设采用标准概率模型的形式，潜在指数变量 $S_{i,t+1}^*$ 的值与可观察生存状态$S_{i,t+1}$之间的联系遵循$S_{i,t+1}=1$（在$t+1$期间存活）。如果$S_{i,t+1}^{*} \geq 0$和$S_{i,t+1}=0$（在$t+1$期间死亡），对于那些死亡的人，健康状况的变化Δh_{it+1}等于（公式3-5b）中的$-h_{it}$，因为根据定义，他们在$t+1$期间的健康状况为零。对于那些存活的人，Δh_{it+1}由（公式3-5c）中的动态健康函数$f(\Delta x_{ki,t+1}, x_{ki,t}, h_{it})$给出，其中有可能假设发病率决定因素集与存活函数风险因子相同。

为了模拟存活人口的动态健康变化，遵循 Hauck 和 Rice（2004）以及 Contoyannis 等（2004）等的假设，假设存在稳定的动态健康功能，制定了一个类似但限制性较小的健康函数，其形式为具有固定效应的一阶自回归分布滞后模型，该模型考虑了健康决定因素$x_k(k=1,\cdots,K)$、健康持续性和个体异质性的当前和滞后效应：

$$h_{i,t+1} = \alpha_0 + \sum_{k=1}^{K} \delta_k x_{ki,t+1} + \sum_{k=1}^{K} \alpha_k x_{kit} + (1-\lambda) h_{it} + \eta_{i,t+1}; \forall i \in \{\Omega_1 \cap \Omega_{t+1}\}; t = 1,\cdots,T-1 \quad \text{（公式3-6）}$$

其在一个不平衡的时期上定义，组在一段时间内包括生存到至少下一段时间的原始种群的子集；其中$\eta_{i,t+1} = \lambda \mu_i + \varepsilon_{i,t+1}$是误差项，由固定的个体效应$\lambda \mu_i$和周期特定干扰$\eta_{i,t+1}$组成。（公式3-6）也可以用健康变化的误差校正模型（ECM）的形式表示：

$$\Delta h_{i,t+1} = \sum_{k=1}^{K} \delta_k \Delta x_{ki,t+1} + \lambda (h_{it}^* - h_{it}) + \varepsilon_{i,t+1} \quad \text{（公式3-7）}$$

其中：

$$h_{it}^* = \beta_0 + \sum_{k=1}^{K} \beta_k x_{kit} + \mu_i \quad \text{（公式3-8）}$$

可以被解释为具有参数$\beta_0 = \alpha_0/\lambda$和$\beta_k = (\alpha_k + \delta_k)/\lambda$的长期稳态或平衡健康函数，使得$(h_{it}^* - h_{it})$对应于周期$t$中的"平衡误差"，$\lambda(0 \leq \lambda \leq 1)$确定向平衡调整的速率。因此，健康的变化取决于决定因素同时变化的影响、健康失衡的初始程度以及特殊健康冲击的大小。如果不存在健康决定因素的滞后影响和健康的完全调整即如果$\alpha_k(k=1,\cdots,K)$都等于零和$\lambda=1$，则（公式3-6）将变为静态模型$h_{i,t+1} = h_{i,t+1}^* + \varepsilon_{i,t+1}$。

ECM 适用于固定的以及协整的非平稳序列，其中外源因素的变化具有不同的短期和长期影响，或者存在持续的冲击（Castle 等，2010；De Boef 和 Keele，2008；Hendry，2006；Banerjee 等，1990；Wickens 和 Breusch，1988）。例如，在目前的情况下，当一个经常吸烟的人戒烟时，对健康可能既有短期的好处，也有长期的好处：在 ECM 中，短期的影响被香烟消费的同期变化对健康的影响所捕获，而长期影响通过平衡误差的影响来捕捉，从而使个人的健康慢慢恢复到不吸烟者的健康水平。同样，个体可能需要一段时间才能从外生健康冲击（如车祸）的影响中完全恢复，持续程度与向平衡调整的速度成反比，当前的健康不仅取决于当前的健康冲击和健康决定因素的水平，还取决于个人整个生命过程中所经历的健康冲击与健康决定因素水平（Galobardes 等，2007）。

因此，健康变化误差纠正模型对健康决定因素的变化和健康冲击的持续性对健康的复杂滞后反应提供了简洁的表示。为了我们的分析目的，这一表述的主要吸引力在于短期动态和隐含的长期健康关系之间的明确区分（Wickens 和 Breusch，1988）。

继续分析与收入相关的健康流动的决定因素。首先考虑发病率变化对子人群中"健康差异—收入差异"循环效应，将在最初阶段持续到最后阶段。

发病率变化的 ECM 模型（公式 3-7）可用于分析以生存为条件的收入相关健康流动的社会经济决定因素。具体地说，如果我们考虑连续周期，使得子种群 $\{\Omega_1 \cap \Omega_f\}$ 中的 $f = s + 1(s = 1, \cdots, T-1)$，那么 $\widetilde{M}^H$ 可以分解为：

$$\widetilde{M}^H = \widetilde{P}\,\widetilde{q} = \left\{ \sum_{k=1}^{K} (\widetilde{CI}_{ss}^h - \widetilde{CI}_{fs}^{\Delta k}) \frac{\hat{\delta}_k \overline{\widetilde{\Delta x_{kf}}}}{\overline{\widetilde{\Delta h_f}}} + (\widetilde{CI}_{ss}^h - \widetilde{CI}_{fss}^{EqE}) \frac{\hat{\lambda} \overline{(\hat{h}_s^* - h_s)}}{\overline{\widetilde{\Delta h_f}}} \right.$$

$$\left. + (\widetilde{CI}_{ss}^h - \widetilde{CI}_{fs}^e) \frac{\widetilde{e_f}}{\overline{\widetilde{\Delta h_f}}} \right\} \left(\frac{\overline{\widetilde{\Delta h_f}}}{\widetilde{h_f}} \right) \qquad (公式 3-9)$$

其中，$\widetilde{\Delta x}_{kf}$ 是发病率决定因素 k 的平均变化，$\widetilde{CI}_{fs}^{\Delta k}$ 是按初始收入排序的相应 CI；$\hat{\delta}_k's$ 和 $\hat{\lambda}$ 是动态健康函数（公式 3-7）的相应参数的估计；$\overline{(\hat{h}_s^* - h_s)}$ 是期内平均预测平衡误差，$\widetilde{CI}_{ss}^{EqE} = 2\text{cov}[(\hat{h}_{is}^* - h_{is}, \widetilde{R}_{is})]/\overline{(\hat{h}_s^* - h_s)}$ 是按初始收入排序的相应 CI；$\tilde{e}_f$ 是平均回归残差 $e_{if} = \hat{\varepsilon}_{if}$，$\widetilde{CI}_{fs}^e$ 是按初始收入排序的相应 CI。因此，（公式 3-9）可以写成：

$$\widetilde{M}^H = \widetilde{P}\tilde{q}$$

$$= \sum_{k=1}^{K} (\widetilde{CI}_{ss}^h - \widetilde{CI}_{fs}^{\Delta k}) \frac{\hat{\delta}_k \overline{\widetilde{\Delta x}_{kf}}}{\tilde{h}_f} + (\widetilde{CI}_{ss}^h - \widetilde{CI}_{fss}^{EqE}) \frac{\hat{\lambda} \overline{(\hat{h}_s^* - h_s)}}{\tilde{h}_f} + (\widetilde{CI}_{ss}^h - \widetilde{CI}_{fs}^e) \frac{\tilde{e}_f}{\tilde{h}_f}$$

$$= \sum_{k=1}^{K} \widetilde{P}_{\Delta k} \tilde{q}_{\Delta k} + \widetilde{P}_{EqE} \tilde{q}_{EqE} + \widetilde{P}_e \tilde{q}_e \quad （公式 3-10）$$

其中，$\widetilde{M}^H$ 可以被视为（公式 3-7）中 K 健康决定因素变化、预测的不平衡误差和同期健康冲击的贡献总和。（公式 3-10）中的每一项都以该因素导致的健康变化的规模和渐进性来表示，这进一步分解揭示了健康变化的平均水平及其在初始收入等级中的分布分别如何影响与收入相关的健康流动。例如，正比例指数 $\tilde{q}_{\Delta k}$ 意味着由于 k^{th} 健康决定因素的变化而产生的正平均健康影响，如果穷人在这些健康收益中所占的份额大于他们最初的健康份额，那么累进指数 $\widetilde{P}_{\Delta k}$ 也将是正的，从而对 $\widetilde{M}^H$ 产生正影响。

$\widetilde{P}_{EqE}$ 和 $\tilde{q}_{EqE}$ 的解释在健康变化的影响方面是相似的，这是由于向个人初始条件所暗示的健康平衡水平进行调整的过程，在这种过程中，通常可能会对 $\widetilde{M}^H$ 产生负面影响。平衡误差对 $\widetilde{M}^H$ 的贡献可以表示为：

$$\widetilde{P}_{EqE}\tilde{q}_{EqE} = \left(\widetilde{CI}_{ss}^h - \frac{\overline{\tilde{h}_s^*} \widetilde{CI}_{ss}^{h^*} - \overline{\tilde{h}_s} \widetilde{CI}_{ss}^h}{\overline{(\hat{h}_s^* - h_s)}} \right) \frac{\hat{\lambda} \overline{(\hat{h}_s^* - h_s)}}{\tilde{h}_f} = (\widetilde{CI}_{ss}^h - \widetilde{CI}_{ss}^{\hat{h}^*}) \frac{\hat{\lambda} \overline{\tilde{h}_s^*}}{\tilde{h}_f}$$

$$（公式 3-11）$$

其中，$\tilde{\hat{h}}_s^*$ 和 $\widetilde{CI}_{ss}^{\hat{h}^*}$ 分别是初始阶段隐含平衡健康的平均值和 CI，根据长期比短期更差的经验证据，人们可以预期 ($\widetilde{CI}_{ss}^h - \widetilde{CI}_{ss}^{\hat{h}^*}$) < 0（Jones 和 Lopez Nicolas，2004；Allanson 等，2010）。因此，通常情况下，如果平均健康状况为正，而 λ 为正（$0 \leq \lambda \leq 1$），则 $\tilde{P}_{EqE}\tilde{q}_{EqE}$ 通常为负，因为 $\lambda\tilde{\hat{h}}_s^*/\tilde{h}_f$ 为正。

当纳入死亡率影响因素时，由于 TPM（公式 3-5）的固有非线性不适合用于将 M^H 简单分解为其决定因素，因此将回归分解分析扩展到包括死亡者。为了解决这个问题，采用了分层分解程序。首先将 M^H 分解为因预期发病率变化、预期死亡率和健康冲击导致的健康变化而产生的元素，然后进一步分解这些元素中的前两个，以确定健康决定因素的单独贡献。

为此，任何两个连续时期 s 和 $f(s=1,\cdots,T-1)$ 之间的个人健康变化可以根据（公式 3-5）和（公式 3-7）写成：

$$\begin{aligned}
\Delta h_{if} &= E(\Delta h_{if}) + v_{if} \\
&= E(\Delta h_{if}^{MB}) + E(\Delta h_{if}^{MT}) + v_{if} \\
&= \{Prob(S_{if}=1)E(\Delta h_{if} \mid S_{if}=1)\} + \{Prob(S_{if}=0)(0-h_{is})\} + v_{if} \\
&= \{\Phi(z_{is})(\sum_{k=1}^{K}\delta_k \Delta x_{kif} + \lambda(h_{is}^* - h_{is}))\} - \{(1-\Phi(z_{is}))h_{is}\} + v_{if}; \\
&\forall i \in \{\Omega_1 \cap \Omega_s\}
\end{aligned} \quad (公式 3-12)$$

其中，$z_{is} = \gamma_0 + \sum_{k=1}^{K}\gamma_k x_{kis} + \gamma_h h_{is}$ 和 $\Phi(\cdot)$ 表示标准正态分布的累积密度函数。因此，生存到这段时期的原始人群中的个体的健康变化将是预期健康变化 $E(\Delta h_{if})$ 和捕捉健康冲击影响的误差项的总和。前者分解为发病率相关和死亡率相关成分，分别为 $E(\Delta h_{if}^{MB})$ 和 $E(\Delta h_{if}^{MT})$，与基础（公式 3-3）相似。因此，分解过程的第一阶段直接产生：

$$\begin{aligned}
M^H &= (CI_{ss}^h - CI_{fs}^{\Delta h})q = \left(CI_{ss}^{\Delta h} - \frac{2}{\Delta h_f}cov(\Delta mb_{if} + \Delta mt_{if} + u_{if}, R_{is})\right)\frac{\overline{\Delta h_f}}{\overline{h_f}} \\
&= (CI_{ss}^h - CI_{fs}^{\Delta mb})\frac{\overline{\Delta mb_f}}{\overline{h_f}} + (CI_{ss}^h - CI_{fs}^{\Delta mt})\frac{\overline{\Delta mt_f}}{\overline{h_f}} + (CI_{ss}^h - CI_{fs}^u)\frac{\overline{u_f}}{\overline{h_f}}
\end{aligned}$$

第三章 "健康差异—贫困差异"循环效应理论机理研究

$$= P^{E(MB)} q^{E(MB)} + P^{E(MT)} q^{E(MT)} + P^u q^u = Pq; \forall i \in \{\Omega_1 \cap \Omega_s\}$$

（公式 3 - 13）

其中，$\Delta mb_{if} \equiv \Delta \hat{h}_{if}^{MB}$，$\Delta mt_{if} \equiv \Delta \hat{h}_{if}^{MT}$ 和 $u_{if} \equiv \hat{v}_{if}$ 分别是 $E(\Delta h_{if}^{MB})$，$E(\Delta h_{if}^{MT})$ 以及 v_{if} 的子样本，$\overline{\Delta mb_f}$，$\overline{\Delta mt_f}$，$\overline{u_f}$，CIs，$CI_{fs}^{\Delta mb}$，$CI_{fs}^{\Delta mt}$，CI_{fs}^{u}，分别定义为从原始种群中存活到最初时期的所有人。（公式 3 - 13）提供了（公式 3 - 3）中渐进性和规模指数的估计值，因为 $CI_{fs}^{\Delta mb}$ 和 $CI_{fs}^{\Delta mt}$ 仅取决于预期的发病率相关和死亡率相关的健康变化，这些变化取决于收入等级（Duclos 等，2003）。

在第二阶段，我们利用 $E(\Delta h_{if}^{MB})$ 和 $E(\Delta h_{if}^{MT})$ 的泰勒级数展开式获得以下线性近似值：

$$E(\Delta h_{if}^{MB}) = \left\{ \sum_{k=1}^{K} \rho_{kis} \Delta x_{kif} + \rho_{EqE,is}(h_{is}^* - h_{is}) \right\} + \left\{ \pi_{0is} + \sum_{k=1}^{K} \pi_{kis} x_{kis} + \pi_{his} h_{is} \right\} + \varpi_{if}$$

（公式 3 - 14a）

$$E(\Delta h_{if}^{MT}) = \tau_{0is} + \sum_{k=1}^{K} \tau_{kis} x_{kis} + \tau_{his} h_{is} + \omega_{if}$$

（公式 3 - 14b）

其中，$\rho's$，$\pi's$ 和 $\tau's$ 是线性化的参数，ϖ_{if} 和 ω_{if} 是近似误差。（公式 3 - 14a）的第 个括号中的条件捕捉了以生存率 $E(\Delta h_{if} | S_{if} = 1)$ 为条件的发病率变化决定因素对预期发病率变化的影响，而第二个括号中条件可以被解释为捕捉生存率 $\text{Prob}(S_{if} = 1)$ 的决定因素对预计发病率变化影响的选择效应。

因此，（公式 3 - 13）中的 $P^{E(MB)} q^{E(MB)}$ 和 $P^{E(MT)} q^{E(MT)}$ 可以分解，以揭示预期发病率变化和死亡率的各种健康决定因素的渐进性和规模指数：

$$P^{E(MB)} q^{E(MB)} = \left\{ \sum_{k=1}^{K} (CI_{ss}^h - CI_{fs}^{\Delta mb \Delta k}) \frac{\overline{\Delta mb_f^{\Delta k}}}{\bar{h}_f} + (CI_{ss}^h - CI_{fs}^{\Delta mb EqE}) \frac{\overline{\Delta mb_f^{EqE}}}{\bar{h}_f} \right\}$$

$$+ \left\{ \sum_{k=1}^{K} (CI_{ss}^h - CI_{fs}^{\Delta mb 0}) \frac{\overline{\Delta mb_f^0}}{\bar{h}_f} + (CI_{ss}^h - CI_{fs}^{\Delta mb k}) \frac{\overline{\Delta mb_f^k}}{\bar{h}_f} \right.$$

$$\left. + (CI_{ss}^h - CI_{fs}^{\Delta mb h}) \frac{\overline{\Delta mb_f^h}}{\bar{h}_f} \right\} + (CI_{ss}^h - CI_{fs}^v) \frac{\bar{v}_f}{\bar{h}_f}$$

$$= \{ \sum_{k=1}^{K} P_{\Delta k}^{E(MB)} q_{\Delta k}^{E(MB)} + P_{EqE}^{E(MB)} q_{EqE}^{E(MB)} \}$$

$$+ \{ P_0^{E(MB)} q_0^{E(MB)} + \sum_{k=1}^{K} P_k^{E(MB)} q_k^{E(MB)} + P_h^{E(MB)} q_h^{E(MB)} \}$$

$$+ P_v^{E(MB)} q_v^{E(MB)}$$

$$= \{ \sum_{k=1}^{K} P_{\Delta k}^{E(MB)} q_{\Delta k}^{E(MB)} + P_{EqE}^{E(MB)} q_{EqE}^{E(MB)} \} + \{ P_z^{E(MB)} q_z^{E(MB)} \}$$

$$+ P_v^{E(MB)} q_v^{E(MB)} ; \qquad (公式 3-15a)$$

$$P^{E(MT)} q^{E(MT)} = \{ \sum_{k=1}^{K} (CI_{ss}^{h} - CI_{fs}^{\Delta mt0}) \frac{\overline{\Delta mt_f^0}}{\overline{h_f}} + (CI_{ss}^{h} - CI_{fs}^{\Delta mtk}) \frac{\overline{\Delta mt_f^k}}{\overline{h_f}}$$

$$+ (CI_{ss}^{h} - CI_{fs}^{\Delta mth}) \frac{\overline{\Delta mt_f^h}}{\overline{h_f}} \} + (CI_{ss}^{h} - CI_{fs}^{w}) \frac{\overline{w_f}}{\overline{h_f}}$$

$$= \{ P_0^{E(MT)} q_0^{E(MT)} + \sum_{k=1}^{K} P_k^{E(MT)} q_k^{E(MT)} + P_h^{E(MT)} q_h^{E(MT)} \}$$

$$+ P_w^{E(MT)} q_w^{E(MT)} \qquad (公式 3-15b)$$

其中，$\Delta mb_{if}^{\Delta k} \equiv \hat{\rho}_{kis} \Delta x_{kif}$，$\Delta mb_{if}^{EqE} \equiv \hat{\rho}_{EqE,is}(h_{is}^* - h_{is})$，$\Delta mb_{if}^{0} \equiv \hat{\pi}_{0is}$，$\Delta mb_{if}^{k} \equiv \hat{\pi}_{kis} x_{kis}$，$\Delta mb_{if}^{h} \equiv \hat{\pi}_{kis} h_{is}$，$\Delta mt_{if}^{0} \equiv \hat{\tau}_{0is}$，$\Delta mt_{if}^{k} \equiv \hat{\tau}_{kis} x_{kis}$ 和 $\Delta mt_{if}^{h} \equiv \hat{\tau}_{his} h_{is}$ 是（公式3-14）中相应表达式的样本对应物，根据各种健康决定因素的发病率相关和死亡率相关的健康变化影响而不是决定因素本身来定义均值和CI，因为在泰勒级数近似中，线性化参数值（捕捉边际效应）因个体而异；v_{if} 和 w_{if} 是近似残差，其平均值通常不等于零。在（公式3-15a）的最后一行中，我们组合项已产生 $P_z^{E(MB)} q_z^{E(MB)}$，其根据（公式3-14a）中的选择项的组合效应而导致的预期发病率变化对 M^H 的总体影响，其中，$q_z^{E(MB)}$ 等于选择项的各个量表指数之和，$P_z^{E(MB)}$ 等于累进指数的加权和，权重与各个量表指标成比例。

最后是结构模型的决定因素分析，（公式3-15a）中的平衡误差 $P_{EqE}^{E(MB)} q_{EqE}^{E(MB)}$ 的贡献可以进一步分解，以通过调整过程确定每个平衡健康决定因素对 M^H 的"明显"贡献，但这是误导性的，因为初始阶段的不平衡原因未知。相反，在初始阶段简单分析结构或平衡的决定因素更有意义。根据 Gravelle（2003），生存到 $s(s=1,\cdots,T-1)$ 期的原始种群子集的平衡健康 CI 可分解为：

$$CI_{ss}^{\hat{h}*} = \frac{2}{\hat{h}_s^*}\{\sum_{k=1}^{K}\hat{\beta}_k Cov(x_{kis},R_{is}) + Cov(\hat{\mu}_i,R_{is})\}$$

$$= \sum_{k=1}^{K}\frac{\hat{\beta}_k \bar{x}_{ks}}{\hat{h}_s^*}CI_{ss}^k + \frac{GC_{fs}^{\hat{\mu}}}{\hat{h}_s^*} = \sum_{k=1}^{K}\hat{\eta}_{ks}CI_{ss}^k + \frac{GC_{fs}^{\hat{\mu}}}{\hat{h}_s^*}; \forall i \in \{\Omega_1 \cap \Omega_s\}$$

（公式 3-16）

其中，CI_{ss}^k 是按初始收入排序的 x_{ks} 的 CI，$\hat{\eta}_{ks}$ 是在样本均值中评估的相应健康弹性，其等于归因于该决定因素的均衡健康份额；$GC_{fs}^{\hat{\mu}}$ 是按初始收入排序的估计固定效应 $\hat{\mu}_i$ 的广义集中指数。因此，每个健康决定因素对平衡的贡献仅仅是健康弹性和该决定因素相对于初始收入等级的 CI 的乘积。

根据健康差异和收入差异的循环效应的理论模型推导，我们可以得到个体健康人力资本与其收入水平的关系，当然也适用于农村居民个体中。因此，低收入（即为贫困）与农村居民健康之间存在循环效应，农村居民健康影响贫困，贫困也影响农村居民健康。对于农村居民健康影响贫困，从收入角度来看，农村居民劳动供给增加会增加其收入，从而会提高健康人力资本的投资，会改善贫困的农村居民生活现状，也许会摆脱贫困，将贫困率降低，但是如果健康人力资本降低则会提高贫困率以及贫困程度；从医疗支出视角来看，因病致贫的农村居民在很大程度上是因为中国的医疗保障制度，农村居民医疗报销比例较低，由此增加贫困率和贫困程度。对于贫困对健康的影响，贫困与健康人力资本呈负向影响，农村居民生活所在地的基础设施较差、医疗条件较为落后以及其他影响因素，对农村居民看病就医影响较大，于是农村居民健康人力资本水平降低。因此，农村居民的"健康差异—贫困差异"具有循环效应，且理论模型诠释了相关因素之间的关系，为实证研究奠定了理论基础。

本章小结

本章主要论证"健康差异—贫困差异"循环效应理论机理。首先明确了健康、健康差异、贫困以及贫困差异的定义,其次基于健康人力资本理论、收入假说理论、健康收入效应理论以及多维贫困理论,对"健康差异—贫困差异"循环效应机制路径进行分析,最后构建理论模型对影响机制进一步验证。农村居民的"健康差异—贫困差异"具有循环效应,且理论模型诠释了相关因素之间的关系,为实证研究奠定了理论基础。

第四章 "健康差异—贫困差异"循环效应代际传递理论机理研究

第一节 理论基础

一、代际传递的界定及经济学含义

代际传递是父代的观念、行为、能力以及社会地位等传递给子代的一种现象，当子代与父代在各方面越一致，则代际传递越强。收入的代际传递是子代收入水平会受父代收入水平影响，同时父代收入水平决定子代收入水平的程度表明代际传递效应的强弱，一般通过代际收入弹性进行衡量，该系数越大则代际传递效应越强，会增大收入差异，进而不利于贫困差异的缩小。

Solon（2004）将均衡模型进行扩展：$\ln y_{1i} = \alpha + \beta \ln y_{0i} + e_i$，其中，$y_{1i}$为子代收入水平，$y_{0i}$为父代收入水平，$\beta$为代际传递效应程度，影响子代收入水平的因素较多，该表达式不能表示子代与父代收入水平之间的因果关系，只是表示收入代际传递效应强弱。健康的代际传递是子代健康水平会随父代健康水平变化，同时父代健康水平决定子代健康水平的程度表明代际传递效应的强弱，健康代际传递主要有健康认知、健康行为以及对健康人力资本投资三个方面。首先是健康认知，无论子代还是父代其自身受教育水平越高，健康认知会相对清晰且较高，患病的概率较小健康出现的问题较少，由于接受过教育对健康方面的知识有一定的了解，同时对健康人力资本投资的比重相对较大，则所积累的健康人力资本会较大。Shaw（2011）指出在家庭中父代的受教育程度会影响子代的健康人力资本，父代会给予子代更多健康方面的教育与指导，会引导子代在健康方面良好的认知，父代的健康认知越高，会对子代有言传身教的作用，能有效地解决有损健康的认知及行为，及时地将不良的健康认知行为扼杀在萌芽时期。其次是健康行为，根据行为经济学中学习理论以及情景依赖理论，父代作为与子代一起生活的家庭成员，子代在与父代生活相处的过程中学习父代的一些健康行为，当然子代也会以父代为参照来做出自己有关健康的行为或是改变自己的健康行为，健康行为的代际传递是较为明显的，且较易观察，通常我们发现在有遗传疾病或者有不良健康行为的家庭中，父代与子代有相同的行为表现，具有较强的代际传递效应。最后是健康人力资本的投资，绝对收入理论认为健康差异的主要原因有贫困个体对健康人力资本投资相对较少，但是相对收入理论和收入分配理论则认为健康差异是相对收入或收入分配不平等造成的，绝对收入对健康人力资本的投资是明显且容易观察到的，父代对子代的健康人力资本的投资体现在提供更健康的食品、补充营养以及在患病时的医疗支出，以此来提高子代健康人力资本水平，然而农村贫困居民由于基础设施、医疗条件以及相对收入水平导致子代健康人力资本禀赋较低，与条件相对优越的子代初期就形成一定的健康差异，对未来的收入造成影响，给贫困差异奠定了基础。总之父代对子代的健康代际传递通过很多路径，也在"物质"和"精神"两方面同时影响。父代向子代传递是显而易见的，且最为容易理解的，子代反向也会向父代在收入和健康两方面进行传递。在生命周期的不同阶段子代对父代的影响不同，当子代进入成年以及老年时期时，子代健康对自身的收入有决定性的影响，进而子代收入又对父代的健康以及收入有一定的影响，同时子代收入对自身健康有一定的影响，进而子代健康对父代的健康及收入有

第四章 "健康差异—贫困差异"循环效应代际传递理论机理研究 | 59

一定的影响,形成"健康—收入—健康"代际循环效应。

二、理论机制研究

基于理论基础对中国农村居民家庭"健康差异—贫困差异"循环效应的代际传递进行机制分析。从静态（代内）与动态（代际）结合视角,将健康差异与贫困差异循环效应（静态）及其代际传递（动态）纳入统一分析框架。从静态视角研究中国农村居民家庭"健康差异—贫困差异"循环效应,研究$PP_t = f(WT_t, WI_t, CI_t, HN_t, O_t)$和$PH_t = f(E_t, M_t, N_t, T_t, I_t, U_t)$。基于健康经济理论、健康人力资本理论和贫困理论,将"健康差异—贫困差异"循环效应引入并扩展 Ramsey 模型,研究:(1)中国农村居民家庭父代"健康差异—贫困差异"的循环效应;(2)中国农村居民家庭子辈"健康差异—贫困差异"循环效应。

从动态视角研究中国农村居民家庭健康与贫困代际传递机制,如图 4-1A 和图 4-1B 所示,本代贫困差异可能引起对下一代的健康差异和贫困差异影响,本代健康差异也会对下一代健康差异和贫困差异产生影响,因此,对上述两式进行跨代动态迭代,研究$PP_{t+1} = h(PP_t)$、$PH_{t+1} = f(PP_t)$、$PP_{t+1} = h(PH_t)$和$PH_{t+1} = f(PH_t)$。

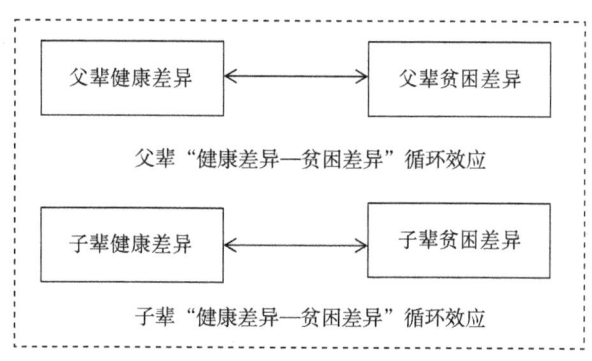

图 4-1A 静态（同代）

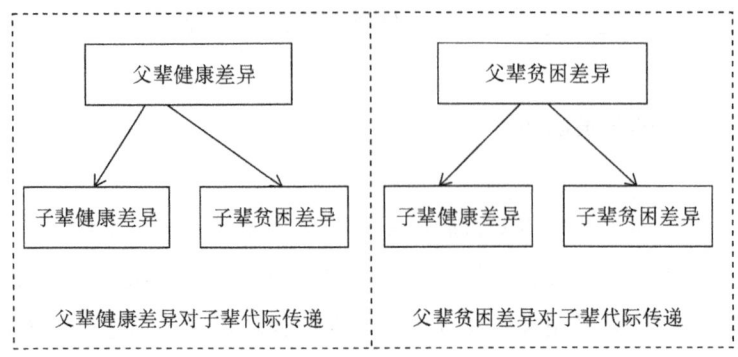

图 4-1B 动态（跨代）

基于代际流动性理论，利用"Galtong - Becker - Solon"的经典代际传递模型研究：（1）中国农村居民家庭父辈健康对子辈健康的影响程度、特点及路径：$PH_{t+1} = f(PH_t)$ 和 $PH_t = f(E_t, M_t, N_t, T_t, I_t, U_t)$；（2）中国农村居民家庭父辈贫困对子辈贫困的代际传递程度与路径：$PP_{t+1} = h(PP_t)$ 和 $PP_t = f(WT_t, WI_t, CI_t, HN_t, O_t)$；（3）中国农村居民家庭父辈健康对子辈贫困的代际传递程度与路径：$PP_{t+1} = h(WT_{t+1}, WI_{t+1}, CI_{t+1}, HN_{t+1}, O_{t+1})$ 和 $WT_{t+1} = f(PH_t)$；$WI_{t+1} = f(PH_t)$；$CI_{t+1} = f(PH_t)$；$HN_{t+1} = f(PH_t)$；（4）中国农村居民家庭父辈贫困对子辈健康的代际传递程度与路径：$PH_{t+1} = f(E_{t+1}, M_{t+1}, N_{t+1}, T_{t+1}, I_{t+1}, U_{t+1})$ 和 $E_{t+1} = f(PP_t)$；$M_{t+1} = f(PP_t)$；$N_{t+1} = f(PP_t)$；$T_{t+1} = f(PP_t)$；$I_{t+1} = f(PP_t)$。

静态与动态相结合视角研究中国农村居民家庭"健康差异—贫困差异"循环效应的代际传递影响，如图 4-2 所示。主要研究：（1）比较中国农村居民家庭父子两代之间健康差异与贫困差异的循环效应差异度及影响因素；（2）利用 Becker 和 Tomes（1979，1986）代际传递理论模型，研究中国农村居民家庭父辈的"健康差异—贫困差异"循环效应对于子辈的代际传递影响。

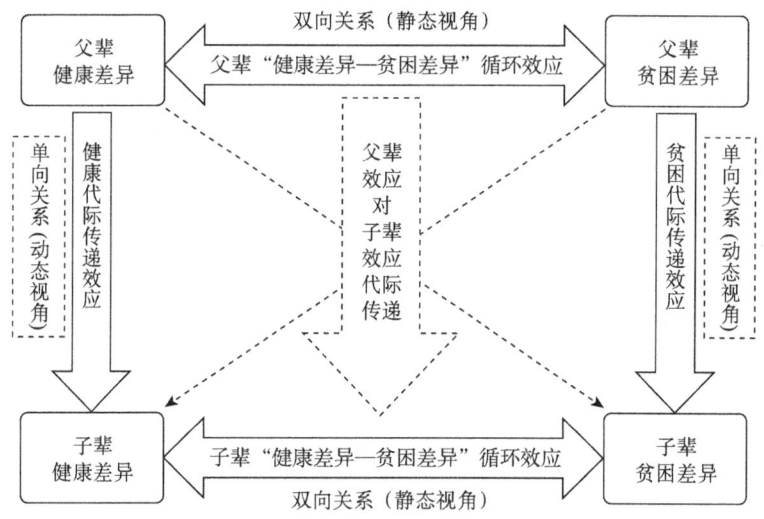

图 4-2 "健康差异—贫困差异"循环效应代际传递理论机制框架

第二节 理论模型构建

从中国农村居民"健康差异—贫困差异"循环效应代际传递的机制路径,明确了代际传递的具体方向以及路径,根据代际传递理论以及循环效应代际传递的机制,构建理论模型。首先建立一个 OLG 模型,其中所有人都经历三个生命阶段:受抚养的孩子、工作的年轻人和退休的老年人。我们假设一个人在童年时期就进行人力资本的积累;他在青年时期进行工作并赚取收入,与此同时决定消费、老年储蓄和子女投资等行为;到老年后,个人退休并消耗自己的积蓄。为了简单起见,基准模型只考虑父母对子女人力资本的投资(间接传递),而不考虑跨代的直接人力资本转移。

在上述情况下,具有代表性的工作青年的预期效用可表示为:

$$E U_t^p = u(c_t^p) + \beta u(c_{t+1}^p) + \beta \alpha E_t u(y_{t+1}^c) \tag{公式 4-1}$$

其中,上标 p 表示父级,上标 c 表示子级。$u(\cdot)$ 是瞬时效用函数,其

中 $u'(\cdot) > 0$ 和 $u''(\cdot) < 0$。工作的年轻人在 t 期获得 y_t^p 的收入，并对当前消费 c_t^p、老年储蓄 s_t^p 和后代人力资本投资 e_t^p 作出决定。根据文献中的利他假设（Becker 和 Tomes，1979；Solon，2004），成年人也从 $t+1$ 期子女的预期收入 y_{t+1}^c 中获得效用，当孩子自己成为年轻人时，α 是利他参数，β 是折现因子。在 $t+1$ 期，工作的年轻人退休并将存款 $(1+R_t)s_t^p$ 用于消费 c_t^p+1。

我们假设人力资本是经济增长的引擎，一个人的收入 y_t 取决于他的人力资本积累 h_t：

$$y_t^p = (h_t^p)^\gamma, 0 < \gamma < 1 \qquad (公式4-2)$$

其中，$0 < \gamma < 1$ 确保人力资本对收入的边际回报递减。此外，一个人的人力资本存量取决于他的先天能力 A_t^c 和父母的投资 e_t^p，因此：

$$h_{t+1}^c = A_t^c (e_t^p)^{1-\sigma}, 0 < \sigma < 1 \qquad (公式4-3)$$

其中，$0 < \sigma < 1$ 确保人力资本投资也受到边际收益递减的影响。为了简单起见，我们假设一个人的先天能力是随机确定的，如（公式4-4）所示：

$$\ln A_t^c = \ln \overline{A} + \varepsilon_t \qquad (公式4-4)$$

其中，$\ln \overline{A}$ 是 $\ln A_t^c$ 的平均值（常数），$\varepsilon_t \sim N(0, v^2)$ 是正态分布的随机冲击。由于父母可能不知道孩子的先天能力，我们假设他们基于自己的先天能力 A_t^p 形成对 $\ln A_t^c$ 的期望，并据此作出投资决策。

根据 Solon（2004），我们使用对数形式简化了瞬时效用函数，因此优化问题变为：

$$\max_{c_t^p, s_t^p, e_t^p, c_{t+1}^p} EU_t^p = \ln c_t^p + \beta \ln c_{t+1}^p + \beta \alpha E_t \ln y_{t+1}^c \qquad (公式4-5)$$

$$s.t. \quad c_t^p + s_t^p + e_t^p \leq y_t^p \qquad (公式4-6)$$

$$c_{t+1}^p \leq (1+R_t)s_t^p \qquad (公式4-7)$$

$$y_{t+1}^c = (h_{t+1}^c)^\gamma \qquad (公式4-8)$$

其中，（公式4-6）和（公式4-7）分别是 t 和 $t+1$ 期间父母的预算约束，（公式4-8）是收入决定等式。相关的一阶条件（F.O.C.）为：

$$\frac{c_t^p}{c_{t+1}^p}\beta(1+R_t) = 1 \qquad (公式4-9)$$

$$\frac{1}{c_t^p} = \alpha\beta\gamma(1-\sigma)\frac{1}{e_t^p} \qquad (公式4-10)$$

（公式4-9）和（公式4-10）分别表明，在最优均衡中，t 期父母的边际消费效用等于 $t+1$ 期，父母的边际消耗效用等于子女人力资本投资的边际效用回报。所得 e_t^p 的闭合形式解，由（公式4-6）、（公式4-7）、（公式4-9）、（公式4-10）可得：

$$e_t^p = y_t^p \frac{\alpha\beta\gamma(1-\sigma)}{1+\beta+\alpha\beta\gamma(1-\sigma)} \qquad (公式4-11)$$

通过标准的比较静态分析，我们得出以下结论：

在稳定增长均衡机制中，父母的最优人力资本投资 e 受到父母收入 y、利他参数 α、折现因子 β 和收入确定性函数中参数 γ 的正向影响，但受到人力资本积累函数中 σ 的负向影响。根据分别取 e 对 y, α, β, γ 和 σ 的导数，我们得到：

$$\frac{\partial e_t^p}{\partial y_t^p} = \frac{\alpha\beta\gamma(1-\sigma)}{1+\beta+\alpha\beta\gamma(1-\sigma)} > 0, \quad \frac{\partial e_t^p}{\partial \alpha} = y_t^p \frac{(1+\beta)\beta\gamma(1-\sigma)}{[1+\beta+\alpha\beta\gamma(1-\sigma)]^2} > 0$$

$$\frac{\partial e_t^p}{\partial \beta} = y_t^p \frac{\alpha\gamma(1-\sigma)}{[1+\beta+\alpha\beta\gamma(1-\sigma)]^2} > 0, \quad \frac{\partial e_t^p}{\partial \gamma} = y_t^p \frac{(1+\beta)\alpha\beta(1-\sigma)}{[1+\beta+\alpha\beta\gamma(1-\sigma)]^2} > 0$$

$$\frac{\partial e_t^p}{\partial \sigma} = -y_t^p \frac{(1+\beta)\alpha\beta\gamma}{[1+\beta+\alpha\beta\gamma(1-\sigma)]^2} < 0$$

这个结论是直观和合理的。高收入家庭的父母经济能力更强，因此更有可能投资于子女的人力资本；如果利他参数 α 增加，人力资本投资的边际效用回报也会增加，从而激励父母对子女进行更多投资；折现因子 β 的增加表明，子女未来的收入对父母来说变得更加重要，因此他们的投资动机也会增加（尽管父母未来的消费也变得更加重要并会部分降低激励）；参数 γ 的增加将导致更高的人力资本边际收益，从而也有助于父母更高的投资激励；然而，参数 σ 的增加会降低人力资本投资的边际回报，从而抑制投资的动机。

由于我们的主要关注点是代际收入流动性，而不是父母的最优投资决策，我们将（公式4-3）、（公式4-4）和（公式4-8）代入（公式4-

11），形成如下代际收入传递函数：

$$\ln y_{t+1}^c = \gamma \ln \bar{A} + \gamma(1-\sigma) \ln y_t^p + \gamma(1-\sigma) \ln \frac{\alpha\beta\gamma(1-\sigma)}{1+\beta+\alpha\beta\gamma(1-\sigma)} + \gamma\varepsilon_t$$

（公式 4 - 12）

根据代际收入回归中的传统函数形式（Jäntti 等，2006），（公式 4 - 12）可以简化为：

$$\ln y_{t+1}^c = \eta_0 + \eta_1 \ln y_t^p + u_t \qquad （公式 4 - 13）$$

其中，截距 η_0、收入弹性 η_1 和残差 u_t 如下所示：

$$\eta_0 = \gamma \ln \bar{A} + \gamma(1-\sigma) \ln \frac{\alpha\beta\gamma(1-\sigma)}{1+\beta+\alpha\beta\gamma(1-\sigma)} \qquad （公式 4 - 14）$$

$$\eta_1 = \gamma(1-\sigma) \qquad （公式 4 - 15）$$

$$u_t = \gamma \varepsilon_t \qquad （公式 4 - 16）$$

在（公式 4 - 13）中，代际收入弹性 η 是利益的关键参数，其在（公式 4 - 15）中的函数形式表明，弹性有效地由人力资本的边际收益和父母对子女的人力资本投资回报率决定。当这两种回报增加时，父母投资于子女人力资本的动机就会增加，这反过来导致代际收入弹性更高，收入流动性更低。

基准模型仅说明了人力资本通过父母对子女投资的间接传递。在扩展模型中，进一步引入了直接传导机制，并讨论了其对收入流动的影响。该模型的扩展是由最近的几项研究推动的，这些研究描述了人力资本在不同世代之间的直接转移，这些转移与投资渠道并无关联，这说明人力资本可以通过遗传和非遗传影响而进行直接传递。Hertz 等（2007）估计了 42 个国家教育程度的代际持续性，并报告说在过去 50 年中，父母和子女的教育程度之间的代际相关性仍然惊人地高，稳定在 0.4 至 0.6 之间。Chevalier、Denny 和 McMahon（2009）通过对代际教育流动的多国研究报告了类似的结果，并发现代际收入流动与教育回报之间的积极关系。根据这些发现，人力资本积累函数可以修改为：

$$h_{t+1}^c = A_t^c (h_t^p)^\sigma (e_t^p)^{1-\sigma}, 0 < \sigma < 1 \qquad （公式 4 - 17）$$

其中，$(h_t^p)^\sigma$ 表示父母向其后代的人力资本直接转移，其与通过 Cobb

Douglas 函数确定 h_{t+1}^c 的间接传输通道 e_t^p 一起运行,参数 σ 和 $(1-\sigma)$ 反映其相对贡献。

在优化中,将(公式 4-3)替换为(公式 4-17),上述修改不会改变 e_t^p 的最优解。然而,代际收入传递函数将改变为以下形式:

$$\ln y_{t+1}^c = \gamma \ln \overline{A} + \gamma \sigma \ln h_t^p + \gamma(1-\sigma) \ln y_t^p + \gamma(1-\sigma) \ln \frac{\alpha\beta\gamma(1-\sigma)}{1+\beta+\alpha\beta\gamma(1-\sigma)} + \gamma\varepsilon_t \quad \text{(公式 4-18)}$$

其可进一步简化为:

$$\ln y_{t+1}^c = \theta_0 + \theta_1 \ln y_t^p + v_t \quad \text{(公式 4-19)}$$

其中,截距 θ_0、收入弹性 θ_1 和残差 v_t 如下所示:

$$\theta_0 = \gamma \ln \overline{A} + \gamma(1-\sigma) \ln \frac{\alpha\beta\gamma(1-\sigma)}{1+\beta+\alpha\beta\gamma(1-\sigma)} \quad \text{(公式 4-20)}$$

$$\theta_1 = \sigma + \gamma(1-\sigma) \quad \text{(公式 4-21)}$$

$$v_t = \gamma\varepsilon_t \quad \text{(公式 4-22)}$$

(公式 4-21)表明,代际收入弹性不仅取决于两种边际收益,还取决于两个机制(即人力资本的直接转移和间接投资)的相对贡献。此外,比较基准模型中的(公式 4-15)和扩展模型中的(公式 4-21)可知,忽视人力资本的直接父代转移将导致对代际收入弹性的低估和对代际收入流动性的高估。根据所构建的理论模型,说明了居民"健康差异—贫困差异"循环效应代际传递的主要变量之间的关系,为实证研究奠定了理论基础。

本章小结

本章主要论证中国农村居民家庭"健康差异—贫困差异"循环效应的代际传递理论机理,并构建数理模型。首先诠释了代际传递理论的内容,其次通过静态和动态两个角度对中国农村居民家庭"健康差异—贫困差异"循环效应的代际传递的机制路径进行分析,最后基于 OLG 模型,建立中国农村居民家庭"健康差异—贫困差异"循环效应的代际传递模型，发现中国农村居民家庭"健康差异—贫困差异"循环效应的代际传递存在多条路径，同时具有复杂性，为后续实证分析奠定基础。

第五章 中国农村居民贫困与健康现状事实判断

第一节 中国农村居民贫困演变历程

一、贫困标准的变化

贫困标准是识别、治理与检测贫困的基石,因此,"什么算是贫困?"是了解贫困状况之前必须面对的问题。贫困标准可以简单分为基于生存需要所界定的绝对贫困和基于相对收入所界定的相对贫困,经济发展水平不同的国家使用的贫困指标也不尽相同。按照国际惯例,发达国家多采用相对贫困标准,而发展中国家则更关心与居民生计相关的基本诉求是否得到满足,因而,多使用绝对贫困标准。由于经济发展水平和物价水平的变动,我国农村居民贫困标准的演变主要经历了以下三个历史阶段。

(一)"1978 年标准"

"1978 年标准"是一条低水平的生存标准,按 1978 年价格每人每年 100 元。在该标准下食物支出比重约为 85%,基本能保证每人每天 2100 大卡热量,但食物质量较差,主食中粗粮比重较高,副食中肉蛋比重很低,只能勉强果腹。

(二) "2008 年标准"

"2008 年标准"是一条基本温饱标准,按 2008 年价格每人每年 1196 元。在该标准下食物支出比重降低到 60%,基本实现"有吃、有穿"。该标准在"1978 标准"的基础上,适当扩展了非食物消费支出。

(三) "2010 年标准"

"2010 年标准"即现行农村贫困标准,是一条稳定温饱标准,按 2010 年价格每人每年 2300 元。该标准与"两不愁三保障"相结合,是农村居民跨入小康生活的门槛,符合普通百姓对于小康的基本预期。

1978 年,世界银行将绝对贫困定义为:"一个人处于营养不良、不能识别文字、易患病、肮脏的生活环境中,且其所处社会往往伴随着高婴儿死亡率以及低预期寿命,生活在这种环境中的人缺乏任何人类定义的尊严。"根据世界银行当时的统计,有 8 亿人死于这种绝对贫困。2008 年,世界银行根据 15 个最贫穷国家的贫困线平均值,确定了每人每天 1.25 美元的全球通用贫困线,2015 年,世界银行又按照 2011 年的购买力平价将其调整为每人每天 1.9 美元。我国现行贫困标准就是在此基础上调整而来的。

贫困人口达到现行农村贫困标准后,能满足"吃饱、适当吃好"的稳定温饱需求,还能满足基本衣着、用品、水电、交通通信等非食物需求,并能保障义务教育、基本医疗和住房安全,实现安稳度日、不愁吃穿的比较宽裕的生活状态。由于物价水平变化,扶贫工作中同一标准在不同年份需要进行年度调整,以确保其代表的生活水平不变,因此贫困人口或贫困发生率等数据年度间具有可比性。

二、农村贫困人口与贫困发生率的现状

我国现行贫困标准采取与国际接轨的"每人每年 2300 元。而贫困发

生率（Head Count Ratio）是指贫困人口占地区总人口的比率，反映了一个地区或国家贫困的广度。无论采用什么样的标准来衡量贫困，改革开放40多年来，中国取得的减贫成就都是毋庸置疑的。2021年2月25日，全国脱贫攻坚表彰大会提出，脱贫攻坚战已取得了全面的胜利，共有9899万现行标准下的农村贫困人口全部实现脱贫，832个贫困县全部摘帽，12.8万个贫困村全部出列，区域性整体贫困得到解决。近10年以来，农村贫困人口稳步下降，贫困发生率也随之降低，并于2020年年末成功实现清零（见图5-1）。

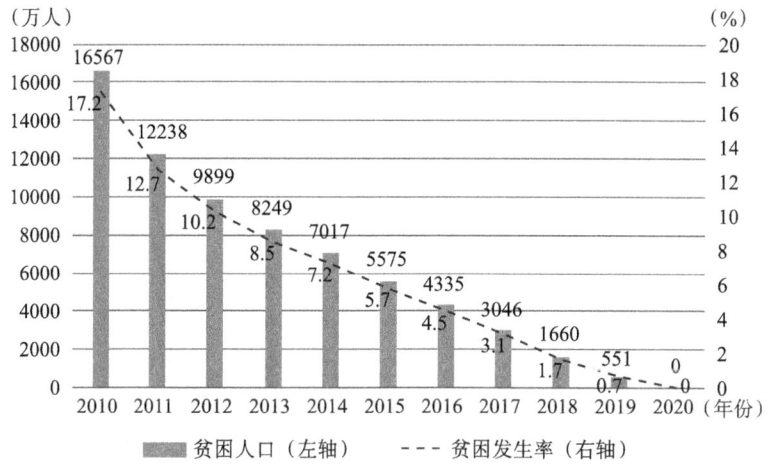

图5-1 中国农村贫困人口与贫困发生率（2010—2020年）

当然，现行标准下贫困人口清零并不意味着我国农村地区贫困的完全消失，也不意味着扶贫工作的结束。消除绝对贫困后，相对贫困还将在我国农村长期存在，因此，监测、防止返贫以及后续的帮扶工作还将持续。与此同时，农村居民相对贫困与多维贫困的研究正当其时。世界银行在《1981年世界发展报告》中指出，"当某些人、家庭或群体没有足够的资源去获取他们那个社会公认的、一般都能享受到的饮食、生活条件、舒适和参加某些活动的机会，就是处于相对贫困状态"。可见相对贫困侧重相对剥夺的概念，与绝对贫困关注个体最基本的需求不同，相对贫困更加重视居民生活水平对整体均值的偏离程度。联合国开发计划署以及联合国儿童基金会等都使用相对贫困线来测度贫困，相对贫困线也是欧盟国家衡量社会包容性指数的重要指标。2001年欧盟官方使用的相对贫困线为居民人均可支配收入中位数的60%，从数值上看约为总体收入均值的一半。其他使用相对贫困线的国家会根据情况调整，比如收入中位数的50%或40%。

将我国农村居民的人均可支配收入由低到高分为五组，组1为可支配收入排名最低的20%，组2为收入次低的20%—40%，组3为前40%—60%，组4为60%—80%，组5为收入最高的20%，则这五等份分组在2014—2020年间的变化情况如图5-2所示。首先，五个组别的农村居民收入均呈现持续增长的趋势。其次，收入最低组与收入最高组收入的均值差距不小。这表明我国相对贫困问题的确存在并应该受到重视。

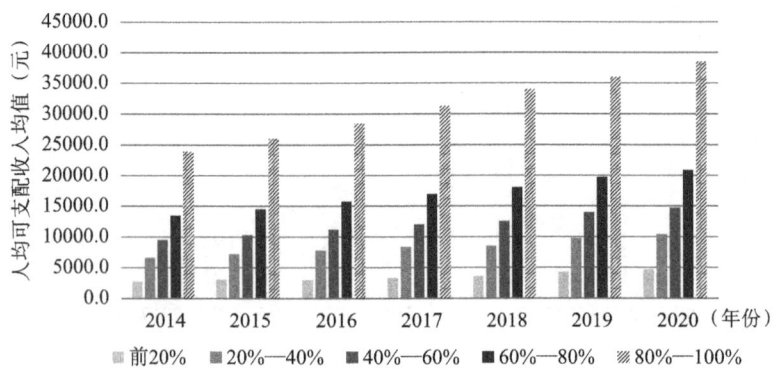

图5-2 我国农村居民人均可支配收入五等份分组（2014—2020年）

2016年《"十三五"扶贫攻坚规划》正式确立了2020年前实现"两不愁三保障"的脱贫攻坚总目标，次年党的十九大又正式将"精准脱贫"列为决胜全面建成小康社会的三大攻坚战之一。其中"两不愁"是指实现农村贫困人口不愁吃、不愁穿；"三保障"则是保障农村贫困人口的义务教育、住房安全、基本医疗。精准识别农村居民中最为贫困、生活水平最低的人群并对其进行帮扶才能使扶贫工作事半功倍。由图5-3中数据可以看出，农村居民中收入最低的前20%，其人均可支配收入增长率在2017年伴随着精准扶贫开始有了显著的提升，并明显超过了其他四组，而最富裕的那一组人均可支配收入的增长率则一直比较稳定并处于相对较低的位置。由此可见，高效的扶贫工作能够在一定程度上降低农村居民收入的不平等的扩张速度。

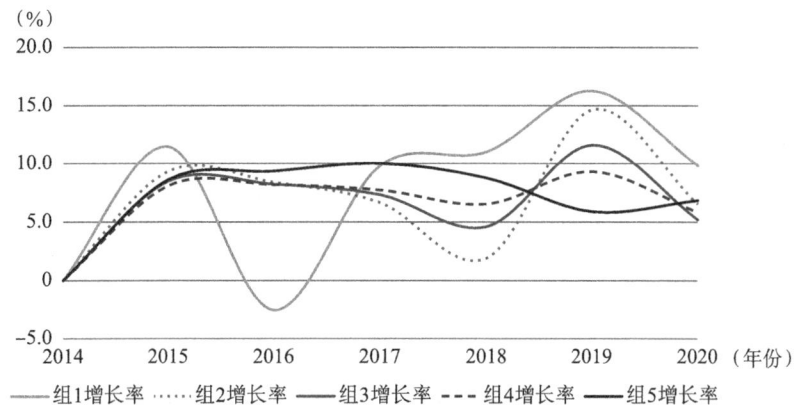

图 5-3　农村居民按收入五等份分组的人均可支配收入增长率（2014—2020 年）

数据来源：《中国统计年鉴（2021）》。

第二节　农村居民健康状况

截至 2021 年，我国卫生服务取得了不容忽视的进步，居民人均预期寿命已经提高到 78.2 岁，孕产妇死亡率下降到 16.1/10 万，婴儿死亡率也下降到了 5.0‰。但随着我国工业化、城镇化的推进，居民生活行为方式随之转变，人口老龄化态势逐渐显现，非传染类重大慢性疾病已成为居民死亡的主要原因。心脑血管疾病、癌症、慢性呼吸系统疾病、糖尿病等疾病产生的医疗负担占总医疗负担的 70% 以上，也逐渐成为制约我国居民人均预期寿命提高的首要因素。与此同时，肝炎、艾滋病、结核病以及目前正在全球流行的新型冠状病毒感染等重大传染病防控形势仍然严峻。面对这些突出的健康问题，事前干预是最有效的应对方式，2019 年国家卫生健康委员会制定了《健康中国行动（2019—2030 年）》，旨在通过对居民健康的良性干预以较低成本取得较高的健康绩效。健康中国行动充分体现了改善我国居民健康的急迫性以及国家应对居民健康挑战的决心。

一、居民健康现状

《中国居民营养与慢性病状况报告2020》的数据显示，我国居民体重过高问题已逐步凸显。2020年我国成年居民的超重率高达34.3%，肥胖率也高达16.4%。6—17岁儿童、青少年的超重率为11.1%，肥胖率为7.9%。6岁以下儿童超重率为6.8%，肥胖率为3.6%。"超重"是指体重超过标准体重的10%，超过标准体重的20%则为"肥胖。在很多国际比较中，我国的肥胖率算不上最高，如美国、英国以及一些中东国家肥胖率能达到50%甚至60%，但我国人口基数大，在此基础上产生的超重或肥胖个体绝对数量也位居世界前列，这在一定程度上为我国医疗资源供给不足埋下了隐患。18岁以上的居民中，男性平均体重为69.6千克，女性平均体重为59千克，五年来分别上升了3.4千克及1.7千克，男性体重激增问题较之女性要更加严重。城镇及农村所有年龄组居民的超重率和肥胖率都在上升。2020年的调查显示，高血压、糖尿病、癌症以及慢性阻塞性肺疾病患病率较之2015年都有上升。与此同时，我国18—44岁的男性平均身高为169.7厘米，较2015年增长了1.2厘米，而女性平均身高则为158.0厘米，较2015年增长了0.8厘米。6—17岁儿童和青少年中，男孩和女孩平均身高则分别增加了1.6厘米和1.0厘米。6岁以下儿童的生长迟缓率已经下降到7%以下，农村地区儿童生长迟缓率五年来下降了5.5%，6—17岁儿童及青少年的生长迟缓率也下降了2.5%。

能量摄入和支出不均衡是导致个体超重或肥胖的最直接原因。而个体超重或肥胖会显著加重心脑血管疾病、糖尿病、呼吸系统疾病、癌症等慢性病的患病率和治愈负担。造成居民肥胖率大幅提高与慢性疾病患病率上升的原因基本可以分为两方面：居民不健康的生活方式以及不合理的膳食结构。不健康的生活方式如熬夜、缺乏运动、吸烟等，随着电子产品的普及,居民静态生活时间普遍上升,能量消耗进一步减少。而膳食结构上,我国居民日常饮食中脂肪摄入持续增长,且盐、油摄入量也过高,而蔬菜水果、豆制品、奶类摄入则相对不足,主食精细化问题突出。超重及肥胖的控制应以事前预防为主,并从儿童时期抓起。居民膳食方面,推荐烹调用盐量每人每日5克,用油量每人每日30克,不可长期超过。同时尽量减少外出用餐频次,减少食用加工食品,尤其注意青少年饮用含糖饮料问题。

二、人口老龄化

人口老龄化趋势加剧了老年人健康问题的急迫性,如何保障老年人健康也逐渐成为健康中国行动中至关重要的一环。由《中国统计年鉴》(2001年、2011年、2021年)所得的人口年龄分布图(见图5-4、图5-5、图5-6)可以看出,传统的上窄下宽式的人口"金字塔"正在逐渐消失。图5-4中显示2000年按性别划分的人口年龄分布情况,呈现很明显的"金字塔"形状,40岁以上的人口数明显下降,到2010年时则是50岁以上人口数明显下降(见图5-5),过去20年乃至30年中对经济增长贡献最大的人群已经迈入中老年行列,即2020年45—60岁的人口(见图5-6)。随着全社会人口老龄化程度的加深,老年慢性病和失能患者也逐年增多,这不仅会增加医疗卫生服务的支出,而且给家庭和社会带来巨大的照料负担。老龄化对经济和社会可持续发展带来了严峻的挑战,人口老龄化也将成为制约我国未来经济发展的主要因素。

在人口老龄化背景下,健康老龄化不仅能够缓解老龄化带来的巨大社会压力,还是保障老年福利的基础。健康老龄化是指随着人们寿命的延长,健康寿命也随之延长,老年人失能年限保持不变甚至缩短。健康老龄化可以通过降低社会医疗卫生服务需求和家庭照料负担、增加劳动年限等途径,缓解社会经济压力,进而促进社会经济的可持续发展。健康老年人(Healthy Older Adults)是2017年提出的老年医学名词,指60周岁及以上

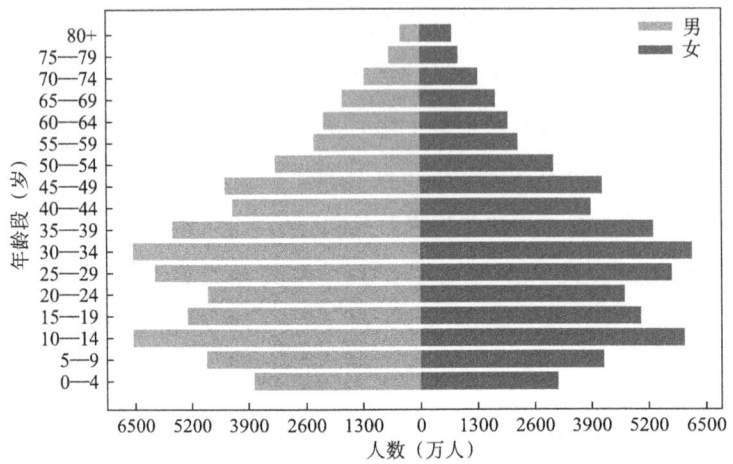

图 5-4　2000 年中国人口年龄分布

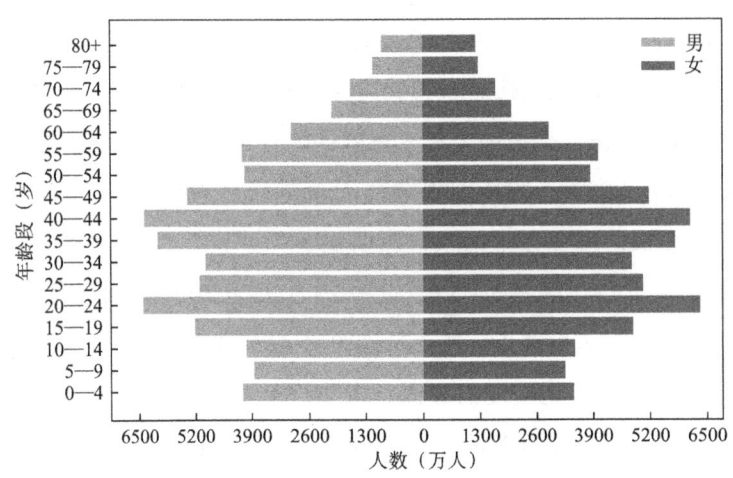

图 5-5　2010 年中国人口年龄分布

生活自理或基本自理的老年人，同时符合形体健康、功能正常、没有疾病、心理健康、适应社会五条标准，躯体、心理、社会三方面都趋于相互协调与和谐状态。国家卫生健康委员会（2020）提出健康老年人的标准不仅要求身体素质在标准水平之上，还要求保持良好的精神状态及社交能力。那么如何保证老年人的健康，以减轻不健康造成的贫困以及不健康和贫困在代际的传递效果就成为重要议题。

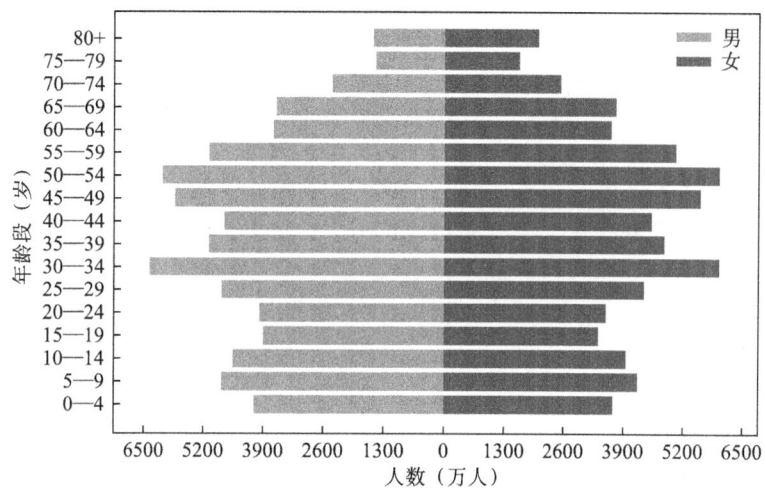

图 5-6　2020 年中国人口年龄分布

三、农村居民患病率与健康行为

《中国健康与养老追踪调查》是以 45 岁以上的中老年人为主要调查对象的高质量微观数据库。其中的"健康状况与功能"部分有被调查者的"一般健康状况与疾病史""生活方式与健康行为"相关数据，呈现出的主要特征如表 5-1 所示。

表 5-1　　　　　　　　农村居民健康状况

健康状况	总人数（人）	有症状人数（人）	发生率（%）
残疾			
躯体残疾	18297	574	3.14
大脑受损或智力缺陷	18564	630	3.39
失明或半失明	17681	734	4.15
聋或半聋	16792	1001	5.96
哑巴或严重口吃	19555	131	0.67
慢性疾病			
高血压	14509	2187	15.07

续表

健康状况	总人数（人）	有症状人数（人）	发生率（%）
高血脂或低血脂	17315	1907	11.01
糖尿病或血糖升高	18263	1053	5.77
癌症等恶性肿瘤	19557	259	1.32
慢性支气管炎等肺部疾病	17941	994	5.54
肝脏疾病	19008	635	3.34
心脏疾病	17219	1371	7.96
中风、脑梗、脑出血	19296	974	5.05
肾脏疾病	18543	762	4.11
胃部或消化系统疾病	15346	1551	10.11
精神与记忆疾病			
情感及精神问题	19477	229	1.18
老年痴呆或脑萎缩	19396	445	2.29
其他疾病			
关节炎或风湿病	13576	1517	11.17
哮喘	18986	409	2.15
健康行为			
是否吸烟	12350	911	7.38
每月饮酒一次及以上	19729	5147	26.09
每周激烈运动十分钟以上	19732	6221	31.53
基础社交活动	19730	10494	53.19

数据来源：作者从 Charles 数据库整理所得。

由表 5-1 中数据可以看出，我国农村 45 岁以上的中老年人视力及听力受损的概率相较于其他一般健康问题更加突出，视力和听觉的下降是老年人普遍存在的健康问题。慢性疾病中，高血压、高血脂或低血脂、胃部疾病则是突出的问题，由此类疾病的患病机理可以推知，我国居民的膳食搭配存在较大问题，这与其他健康宏观调查中的结果表现一致。其次严重的则是心脏疾病、糖尿病与血糖升高、慢性支气管炎等肺部疾病以及中风、脑梗、脑出血，此外，还有比较常见的关节炎或风湿病，这些类型的疾病更可能与工作性质、生活作息或所处健康环境密切相关。可见引导健康的饮食搭配及生活作息是提升居民健康水平的可行路径。健康的另一个重要方面精神类疾病也值得关注。中国老年人的老年痴呆疾病患病率会随着年龄的增长逐渐增多,据统计,65岁以上的老年痴呆患者平均的患病率为5.2%,而75—85岁的老年人患病率通常会达到15%左右,精神类疾病很可能严重降低老年人的生活自理能力,这对子代和家庭将是不小的打击,因此,健康老龄化任重道远。此外,从健康行为的频率可以看出,农村居民的运动量水平不低,但过度吸烟、饮酒的不良健康行为概率有待降低。

第六章 数据来源与样本特征

第一节 数据来源

本书选取2018年中国健康与养老追踪调查微观数据库（China Health and Retirement Longitudinal Survey，CHARLS）数据进行分析。中国健康与养老追踪调查微观数据库由北京大学国家发展研究院主持，旨在收集代表中国45岁以上老年人个人和家庭健康与养老基本状况的数据，为中国人口健康与老龄化问题的跨学科研究提供可靠的数据基础。该调查项目于2011年开启全国基线调查，分别在全国28个省（自治区、直辖市）中的150个县、450个社区（村）开展了调查访问，至2018年时已覆盖总计1.24万户家庭，1.9万名受访者。

为了验证健康与贫困交互影响的代际传递现象，所选择的样本必须保证拥有相对完整的子代健康、贫困信息，中国健康与养老追踪调查数据库是较为符合要求的数据来源。CHARLS的调查数据以中老年群体作为主要的观测对象，除了被观测者本人健康、收入以及生活水平方方面面的详细信息外，还统计了被观测者子女的收入、健康相关信息，这对本书试图探究的健康与贫困交互影响的代际传递作用具有不可替代的价值。

除了方便代际传递的研究，本书选择中国健康与养老追踪调查数据库的另外一个原因是出于对人口老龄化程度的考量。上一章中国人口年龄分布图（2000年、2010年、2020年）趋势可以看出，传统的上窄下宽式的人口"金字塔"正在逐渐消失，过去20年乃至30年中对经济增长贡献最大的人群已经迈入中老年行列，在未来的几十年中可以预见的是人口老龄化的压力将会进一步加重，但现有健康相关的文献研究中多使用中国营养与健康调查（China Health and Nutrition Survey，CHNS）进行实证分析，如刘国恩等（2004）、赵忠和侯振刚（2005）、解垩（2009）、丁继红和董旭达（2017）。这些文献普遍缺乏对老龄人口健康与贫困的特别关注，因此，本书选择针对中老年人群的中国健康与养老追踪调查数据库作为实证分析的数据来源。

CHARLS问卷的结构为：第一部分为被调查对象基本信息，包括受访者性别、出生日期、家庭住址等；第二部分为家庭信息，包括父母、子女、兄弟姐妹的基本信息及其与受访者间的交往情况；第三部分为健康状况与功能，包括受访者的自评健康等一般健康状况、是否有躯体残疾、疾病史、身体功能障碍；第四部分为认知和抑郁，包括受访者的简易精神状态检查、基本认知状况、抑郁量表、对生活的满意度评价等；第五部分为代替受访者接受采访的知情人信息；第六部分为受访者的医疗保险参加情况、医疗成本使用情况等；第七部分为受访者的工作和退休情况，包括过去一年的工作时间、类型、行业和收入等；第八部分为受访者的养老金缴纳、领用情况，分为政府机关和事业单位退休金、职工基本养老保险、补充养老保险（职业年金和企业年金）、城乡居民社会养老保险、城镇居民养老保险、新型农村社会养老保险（新农保）、征地养老保险、商业养老保险；第九部分为收入、支出与资产，包括家户收入与支出、家户资产、个人资产；第十部分为房产和住房情况，包括受访者名下房产信息、受访者目前所居建筑的信息等。

第二节　样本特征

一、主要变量描述统计

CHARLS 问卷的调查对象以老年人为主（2018 年被调查者的平均年龄为 61.74 岁）。由于本书的研究对象是农村居民，为了使样本更符合条件，首先在 19816 个总样本中筛选出居住在农村的 14078 个受访者，农村居民占全部被调查对象的 71.04%。

如表 6-1 所示，农村父代 14078 个受访者的家庭收入均值为 16441.05 元，最大值为 3012000 元，最小值为 -6000 元，说明农村居民家庭收入差异较大，至此可能会扩大贫困差异。调查对象中农村居民样本剔除异常值后的年龄均值为 62.07 岁，最大年龄是 118 岁，最小年龄是 18 岁。女性占比为 52.71%，男性占比为 47.29，女性占比高于男性 5.42 个百分点。最高受教育水平的均值为小学毕业，按年龄均值估计被调查对象大都出生于 20 世纪五六十年代，那个年代的知识普及率远低于现在，通过最高受教育程度占比发现，本科及以上毕业占比 0.09%，专科学校毕业占比 0.27%，职业学校毕业占比 0.92%，高中毕业占比 5.11%，初中毕业占比 18.93%，小学毕业占比 23.02%，私塾毕业占比 0.28%，小学未毕业占比 23.74%，无正规教育占比 27.64%，忽略私塾毕业这一较为特殊情况，发现在农村居民中受教育程度越高占比越小，而且这一占比呈下降的趋势。过去一年中从事过农业劳动的人口占近六成，说明大部分农村居民仍以农业为主，农业收入仍是主要收入来源。同时超过九成的受访者未在体制内工作，与从事农业劳动情况一致。全部样本的吸烟率约为 3.6%，农村居民中吸烟人数较少，绝大部分人每周能坚持某种运动十分钟以上，都有运动的习惯。

表 6-1　　　　　　　　　　父代基本信息

变量	观测值	占比（%）	均值	标准差	最小值	最大值
家庭收入	14078	100.00	16441.05	61287.38	-6000	3012000
年龄	13823	98.18	62.07	10.26	18	118
年龄的对数	13823	98.18	4.11	0.16	2.89	4.77
性别	14078	100				
男性	6658	47.29				
女性	7420	52.71				
自评健康	13104	93.08	3.00	1.03	1	5
1 = 很好	847	6.46				
2 = 好	2937	22.41				
3 = 一般	6277	47.90				
4 = 不好	1489	11.36				
5 = 很不好	1554	11.86				
最高受教育程度	14078	100.00	6.97	1.74	1	9
1 = 本科及以上	13	0.09				
2 = 专科学校	38	0.27				
3 = 职业学校	129	0.92				
4 = 高中毕业	720	5.11				
5 = 初中毕业	2665	18.93				
6 = 小学毕业	3241	23.02				
7 = 私塾毕业	39	0.28				
8 = 小学未毕业	3342	23.74				
9 = 无正规教育	3891	27.64				
是否从事农业劳动	14037	99.7	0.5905	0.4918	0	1
0 = 否	5748	40.95				
1 = 是	8289	59.05				
是否为体制内	14031	99.67	0.9276	0.2592	0	1
0 = 是	1016	7.27				
1 = 否	13015	92.76				
是否吸烟	14078	100.00	0.0357	0.1856	0	1
0 = 否	13575					
1 = 是	503					

续表

变量	观测值	占比（%）	均值	标准差	最小值	最大值
是否运动	14078	100.00	0.8882	0.3151	0	1
0＝否	1574					
1＝是	12504					

数据来源：根据 2018 年 CHARLS 数据库数据处理获得。

子代信息部分，为了处理方便，有多个子女的家庭都只选择第一个子女的信息作为子代样本。在大多数情况下，子代变量的缺失一般用 0 替代，但问卷回答中的"不清楚"或"不便告知"通常赋值为 998、999，这些异常值在实证分析时会使用 if 条件筛选掉。

本书使用"孩子和他（她）配偶去年的总收入"来表示子代的收入水平，所以子代收入的均值接近 20000—30000 元，子代收入按等级划分后呈现余弦函数趋势，先降低后增加再降低，其中无任何收入的原因可能是子代在未成年时期无任何收入，也有可能是个人原因无法提供劳动供给获得收入。受教育水平部分选择子代的最高受教育水平，共分为 10 个等级，子代的平均受教育水平在高中毕业之上，这符合我国普及九年义务教育的背景，农村居民子代最高受教育水平按等级呈"倒 U"形曲线分布，即先升高后下降，由于子代中存在未成年人，所以大部分受访者都能按期完成义务教育。问卷将子代工作类型简单地分为 6 个类别，其中管理者是指国家机关、党群组织、企业、事业单位负责人，子代工作类型中占比最高的是商务与服务人员，占比较低的是管理者和办事人员，占比较高的是专业技术人员、农林牧渔以及生产或运输业从业人员，与父代工作类型相比子代从事工作类型多样化，而父代大多数人仍从事农业生产活动（见表 6-2）。

表 6-2　　　　　　　　　　子代基本信息

变量	观测值	均值	标准差	最小值	最大值
收入等级	5948	5.9344	2.2490	1	12
1＝无任何收入	529				
2＝低于 2000 元	81				

续表

变量	观测值	均值	标准差	最小值	最大值
3 = 2000—5000 元	215				
4 = 5000—10000 元	377				
5 = 10000—20000 元	941				
6 = 20000—30000 元	1023				
7 = 30000—50000 元	1286				
8 = 50000—100000 元	1084				
9 = 100000—150000 元	287				
10 = 150000—200000 元	51				
11 = 200000—300000 元	44				
12 = 高于 300000 元	30				
受教育水平	1523	6.6257	12.1437	1	10
1 = 未受过正规教育	52				
2 = 小学未毕业	132				
3 = 小学毕业	338				
4 = 初中毕业	416				
5 = 高中毕业	173				
6 = 职业学校	102				
7 = 专科学校	126				
8 = 本科	164				
9 = 硕士	19				
10 = 博士	1				
工作类型	6812	4.5213	1.7010	1	6
1 = 管理者	217				
2 = 专业技术人员	1154				
3 = 办事人员	262				
4 = 商务与服务人员	1543				
5 = 农林渔牧	1348				
6 = 生产或运输	1440				

数据来源：根据 2018 年 CHARLS 数据库数据处理获得。

二、健康与贫困衡量指标的选取

(一) A-F 多维贫困指数

在研究代内健康对贫困的影响时,采用多维贫困指标作为被解释变量,并借鉴 Alkire 和 Foster (2007, 2011) 提出的双阈值法对中国农村家庭的多维贫困程度进行度量。双阈值法首先将贫困分为健康、教育、生活水平三个权重相同的维度,然后在每个维度内设定贫困的阈值,阈值之上的状况视为贫困,赋值加总后可求得多维贫困指数。A-F 指数介于 0—1 之间,数值越大代表多维贫困程度越深。其中健康的指标有意外伤害和身体状态,都分别占 1/6;教育的指标有受教育年限和儿童入学,都分别占 1/6;生活水平的指标有做饭所用燃料、饮用水源、厕所类型、供暖、供电和住房建筑结构,都分别占 1/18 (见表 6-3)。

表 6-3　A-F 多维贫困指标的维度、剥夺阈值与权重设置

纬度	指标	剥夺阈值	权重
健康	意外伤害 health_1	家庭成员是否遭受过交通事故或重大意外伤害,若有赋值为 1	1/6
	身体状态 health_2	家庭成员是否有躯体残疾或身体功能障碍,若有赋值为 1	1/6
教育	受教育年限 education_1	家庭中有 16 岁及以上成员未完成 6 年义务教育,赋值为 1	1/6
	儿童入学 education_2	家庭中有一名孩子未接受过高中教育,赋值为 1	1/6
生活水平	做饭所用燃料 life_1	如果是秸秆、柴火,赋值为 1	1/18
	饮用水源 life_2	是否有自来水,若没有则赋值为 1	1/18
	厕所类型 life_3	厕所只有蹲式,则赋值为 1	1/18

续表

纬度	指标	剥夺阈值	权重
生活水平	供暖 life_4	住房是否具备供暖设施（不包括土暖气和制暖空调），若不具备则赋值为1	1/18
	供电 life_5	住房不供电，赋值为1	1/18
	住房建筑结构 life_6	住房非钢筋混凝土或砖木结构，则赋值为1	1/18

结合2018年CHARLS数据库数据计算多为贫困指数，由计算结果可知，14078个中国农村家庭平均多维贫困程度为0.3258，东部地区农村家庭平均多维贫困程度为0.2996，中部地区农村家庭平均多维贫困程度为0.3365，西部地区农村家庭平均多维贫困程度为0.3315，东部地区的贫困程度均值明显低于中、西部地区，中、西部地区农村的贫困程度均值则较为接近，与我国空间地理贫困分布情况一致（见表6-4）。

表6-4　　　　　A-F多维贫困指标的分地区特征

样本	观测值	均值	标准差	最小值	最大值
总样本	14078	0.3258	0.1600	0	0.83
东部地区	4180	0.2996	0.1542	0	0.78
中部地区	3153	0.3365	0.1583	0	0.78
西部地区	5686	0.3315	0.1633	0	0.83

数据来源：根据2018年CHARLS数据库数据处理获得。

表6-5为中国农村分省的多维贫困指标，东部9个省份中有5个多维贫困的均值低于总体均值，分别为广东、河北、辽宁、香港和澳门，中部8个省份中有6个高于均值，分别为安徽、广西、河南、黑龙江、湖南和湖北，西部9个省份中有5个高于均值，分别为重庆、甘肃、青海、四川和西藏。

表 6-5　　A-F 多维贫困指标的分省特征

东部			中部			西部		
省份	样本	均值	省份	样本	均值	省份	样本	均值
福建	156	0.3408	安徽	1509	0.3673	重庆	408	0.3461
广东	635	0.2857	广西	571	0.3756	甘肃	1361	0.3771
河北	640	0.2529	河南	493	0.3722	贵州	29	0.3180
江苏	395	0.3376	黑龙江	195	0.3530	宁夏	602	0.2519
辽宁	101	0.1650	湖南	403	0.3448	青海	231	0.3499
天津	417	0.3419	湖北	103	0.3501	陕西	464	0.3107
香港	1098	0.3004	内蒙古	905	0.2993	四川	837	0.3465
澳门	559	0.2971	江西	474	0.3093	西藏	440	0.3486
台湾	179	0.3585				新疆	1314	0.3052

数据来源：根据 2018 年 CHARLS 数据库数据处理获得。

　　分省数据中北京、海南、山东、上海、山西、云南、浙江原始数据缺失，无法计算。吉林样本数过少不具有参考价值，未列入分省特征。港澳台根据经济实力与地理位置归入东部地区，三者的数值对东部地区的均值没有极端影响，因此分省特征共列示了 26 个省、市、自治区的数据。

　　需要注意的是，虽然多维贫困指标数值越大表示贫困程度越深，但数值较低并不必然意味着该地区的经济水平更高。一方面，由多维贫困计算时考虑的维度可以看出，多维贫困指数低的家庭只是在健康、教育以及生活水平方面低于设定的阈值而已，若某省经济不发达但扶贫工作覆盖面积广且扶贫力度大也可能有效降低该地区家庭平均的贫困程度，如宁夏。另一方面，省际可能存在经济的辐射效应，也可用来解释为什么某些省份的多维贫困水平更低，如河北（见图 6-1）。

（二）健康状况的度量

　　健康部分本书将采用 QWB 指数（Kaplan 和 Anderson，1988）进行度量。CHARLS 调查问卷中有关于被调查对象健康与疾病的详细数据，足以满足 QWB 指数计算的需要。首先将代表样本健康状况的行为分为四个部

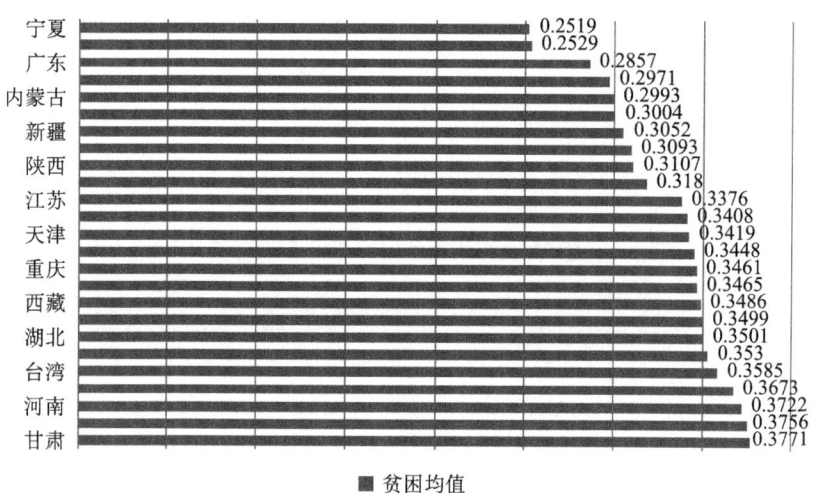

图 6 -1　A - F 贫困指数省份排名

分：行动能力、生理活动、社会活动及症状；其次根据每个维度中样本的健康表现设置不同等级并赋予相应权重；最后根据公式计算 QWB 指数。每个维度中等级越高，权重的绝对值越大，也代表着个体越不健康。其中，行动能力（MOB）的等级划分为，"未受到限制"是等级 1 权重为 -0.000，"出行困难，需要帮助"是等级 2 权重为 -0.062，"因健康问题无法出行"是等级 3 权重为 -0.090；生理活动（PAC）的等级划分为，"无限制"是等级 1 权重为 -0.000，"生理活动受到限制"是等级 2 权重为 -0.060，"坐在轮椅上但无法运动或大部分时间卧床"是等级 3 权重为 -0.077；社会活动（SAC）的等级划分为，"未受到限制"是等级 1 权重为 -0.000，"社会活动受限，生活能够自理"是等级 2 权重为 -0.061，"生活也不能自理"是等级 3 权重为 -0.106；症状（CPX）的等级划分为，"取药或饮食治疗"是等级 1 权重为 -0.144，"听力障碍、牙齿脱落并需要使用辅助仪器"是等级 2 权重为 -0.170，"头疼、晕眩、耳鸣、发烧、神经过敏或颤抖"是等级 3 权重为 -0.244，"咳嗽、哮喘、气短、伴有疼痛、阵发性压抑和尖叫"是等级 4 权重为 -0.257，"疲劳、虚弱、体重下降"是等级 5 权重为 -0.259，"胃病"是等级 6 权重为 -0.290，"腰、背、手足上下肢关节病"是等级 7 权

重为 -0.299，"记忆、思考困难"是等级 8 权重为 -0.340，"意识丧失、中风或昏迷"是等级 9 权重为 -0.407（见表 6-6）。

QWB 指标的计算公式为：

$$QWB = 1 + MOB + PAC + SAC + CPX \qquad (公式 6-1)$$

表 6-6　　QWB 健康指数的维度与权重设置

维度	变量描述	等级	权重
行动能力 (Mobility, MOB)	未受到限制	1	-0.000
	出行困难，需要帮助	2	-0.062
	因健康问题无法出行	3	-0.090
生理活动 (Physical Activity, PAC)	无限制	1	-0.000
	生理活动受到限制，如使用轮椅、拐杖等助行器，上下楼梯或弯腰困难	2	-0.060
	坐在轮椅上但无法运动或大部分时间卧床	3	-0.077
社会活动 (Social Activity, SAC)	未受到限制	1	-0.000
	社会活动受限，生活能够自理	2	-0.061
	生活也不能自理	3	-0.106
症状 (Symptom Complexes, CPX)	取药或饮食治疗	1	-0.144
	听力障碍、牙齿脱落并需要使用辅助仪器	2	-0.170
	头疼、晕眩、耳鸣、发烧、神经过敏或颤抖	3	-0.244
	咳嗽、哮喘、气短、伴有疼痛、阵发性压抑和尖叫	4	-0.257
	疲劳、虚弱、体重下降	5	-0.259
	胃病	6	-0.290
	腰、背、手足上下肢关节病	7	-0.299
	记忆、思考困难	8	-0.340
	意识丧失、中风或昏迷	9	-0.407

QWB 指标的建立对健康数据的要求较高，本书使用 CHARLS 问卷中的问题来代表个体健康的不同维度。其中，出行是否受到限制（MOB）使用问题"您现在慢跑一公里是否有困难？"推断，回答"没有困难"的视为未受到限制，回答"有困难但仍可以完成"以及"有困难需要帮助"的

视为出行受到限制，回答"无法完成"的视为出行彻底受到限制；生理活动（PAC）是否受到限制使用问题"弯腰、屈膝、下蹲是否有困难？"推断，回答"没有困难"的视为未受到限制，回答"有困难但仍可以完成"以及"有困难需要帮助"的视为受到限制，回答"无法完成"的视为生理活动受到彻底限制；社会活动（SAC）是否受到限制使用问题"是否因为健康原因吃饭、洗澡、上厕所有困难？"推断，回答为"没有困难"的视为社会活动未受到限制，回答"有困难但仍可以完成"的视为社会活动受限但生活能够自理，回答"有困难需要帮助"以及"无法完成"的视为"生活不能自理"；症状（CPX）则在问卷中的"一般健康状况和疾病史"部分使用对应变量进行赋值，9个症状等级均存在对应问题。取药或饮食治疗对应"过去一个月您是否用药？"，听力障碍与牙齿脱落并需要使用辅助仪器对应"是否佩戴助听器？"与"是否佩戴假牙？"，头疼、晕眩、耳鸣、发烧、神经过敏或颤抖对应"是否经常因为疼痛而难受？"，咳嗽、哮喘、气短、伴有疼痛、阵发性压抑和尖叫对应"是否有医生告诉过您，您患有哮喘？"，疲劳、虚弱、体重下降对应"与上一次访问时相比，您的健康状况是否变差？"，胃病对应"是否有医生告诉过您，您患有胃部疾病或消化系统疾病（不包括肿瘤或癌症）？"，腰、背、手足上下肢关节病对应"是否有医生曾经告诉过您有关节炎或风湿病？"，记忆、思考困难对应"是否有医生曾经告诉过您有与记忆相关的疾病（如老年痴呆症、脑萎缩、帕金森症）？"，意识丧失、中风或昏迷对应"是否有医生曾经告诉过您有中风（包括脑梗和脑出血）？"。以上9种症状在计算时进行了循环检验，每个样本只对最严重的症状等级进行计分，以避免健康状况极差的个体出现指标为负数的情况。

显然，QWB指数介于0—1之间，且越接近1表示越健康。而QWB的倒数则可以反映个体的不健康程度，这在之后的实证分析中将被灵活运用。表6-7为QWB健康指数的基本特征。其中，总样本的QWB指数为0.8631，分地区计算的QWB指数东部地区低于总样本为0.8614，中部地区和西部地区高于总样本分别为0.8652和0.8664；分性别计算的QWB指数女性低于总样本为 0.8586，男性高于总样本为 0.8681；分年龄计算 QWB 指数男性 65 岁以上低于总样本，65 岁以下高于总样本，且呈下降趋势，女性 55 岁以上低于总样本，55 岁以下高于总样本，且呈"倒 U"形趋势。

表 6-7　　　　　　　　　QWB 指数的特征

样本	观测值	均值	标准差	最小值	最大值
总样本	14078	0.8631	0.1285	0.41	1
分地区					
东部地区	4180	0.8614	0.1276	0.5	1
中部地区	3153	0.8652	0.1311	0.5	1
西部地区	5686	0.8664	0.1283	0.41	1
分性别					
男性	6658	0.8681	0.1295	0.41	1
女性	7240	0.8586	0.1274	0.5	1
男性分年龄					
45 岁及以下	37	0.8830	0.1264	0.623	1
45—50 岁	720	0.8809	0.1227	0.593	1
50—55 岁	1224	0.8820	0.1225	0.533	1
55—60 岁	918	0.8875	0.1240	0.533	1
60—65 岁	1196	0.8671	0.1308	0.472	1
65—70 岁	1084	0.8607	0.1335	0.500	1
70—75 岁	659	0.8540	0.1307	0.500	1
75 岁及以上	820	0.8509	0.1395	0.410	1
女性分年龄					
45 岁及以下	165	0.8680	0.1131	0.635	1
45—50 岁	949	0.8773	0.1188	0.533	1
50—55 岁	1376	0.8735	0.1222	0.500	1
55—60 岁	949	0.8599	0.1261	0.500	1
60—65 岁	1281	0.8537	0.1271	0.500	1
65—70 岁	1063	0.8503	0.1319	0.500	1
70—75 岁	674	0.8323	0.1282	0.500	1
75 岁及以上	963	0.8501	0.1357	0.500	1

数据来源：根据 2018 年 CHARLS 数据库数据处理获得。

根据 CHARLS 计算的中国农村居民 QWB 健康指数均值为 0.8631，低于解垩（2009）根据 CHNS 数据计算的城镇居民 0.971 以及赵忠（2005）计算的 18—55 岁城镇居民 0.9708，高于丁继红和董旭达（2017）计算的 60 岁以上农村老人的 0.79。这一点可以理解，首先 CHARLS 以 45 岁以上的人群为调查主体，CHNS 的被调查者则没有明显的年龄倾向，随着年龄的上升，个体健康水平的下降不可避免。其次农村居民的医疗卫生、饮食条件等相较于城镇居民处于劣势地位，健康水平也因此而异。

将健康指数进行分地区统计（见表 6-8），可以发现西部地区人口最健康，其 QWB 指数均值为 0.8665，高出均值 0.0034，中部地区次之为 0.8652，高出均值 0.0021，东部地区最低为 0.8615，低于均值 0.0016。显然，中东西部地区三者之间居民健康水平的差距并不十分明显。

表 6-8　　　　　　　　QWB 指数的分地区特征

样本	观测值	均值	标准差	最小值	最大值
总样本	14078	0.8631	0.1285	0.41	1
东部地区	4180	0.8615	0.1277	0.50	1
中部地区	3153	0.8652	0.1312	0.50	1
西部地区	5686	0.8665	0.1284	0.41	1

数据来源：根据 2018 年 CHARLS 数据库数据处理获得。

分省数据显示（见表 6-9、图 6-2），西部省份宁夏、重庆，中部的内蒙古、广西以及东部的辽宁居民健康指数都名列前茅；而西部的贵州，中部的湖南、湖北、河南以及东部的福建省居民健康状况相对较差。本书计算的 QWB 省份排名结果与丁继红和董旭达（2017）的计算结果有所不同，他们计算的各省老年人 QWB 指数均值显示，居民健康状况较好的省份是黑龙江、山东、贵州、河南，较差的则有重庆、广西、北京和上海。

表6-9　　　　　　　　QWB指数的分省特征

东部			中部			西部		
省份	样本	均值	省份	样本	均值	省份	样本	均值
福建	156	0.8329	安徽	1509	0.8452	重庆	408	0.8937
广东	635	0.8516	广西	571	0.8866	甘肃	1361	0.8496
河北	640	0.8700	河南	493	0.8280	贵州	29	0.8074
江苏	395	0.8647	黑龙江	195	0.8730	宁夏	602	0.9198
辽宁	101	0.8759	湖南	403	0.8302	青海	231	0.8584
天津	417	0.8560	湖北	103	0.8245	陕西	464	0.8645
香港	1098	0.8583	内蒙古	905	0.8946	四川	837	0.8467
澳门	559	0.8622	江西	474	0.8570	西藏	440	0.8591
台湾	179	0.9040				新疆	1314	0.8729

数据来源：根据2018年CHARLS数据库数据处理获得。

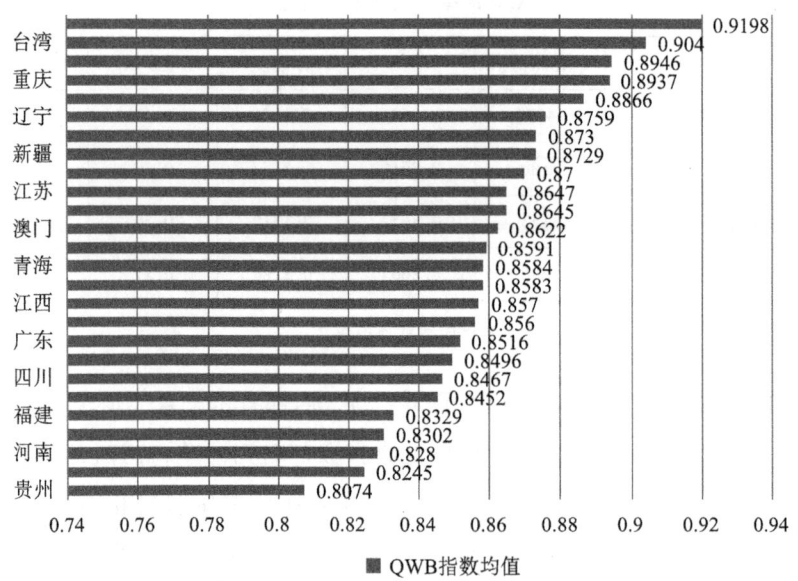

图6-2　QWB指数省份排名

此外，男性的QWB指标在所有年龄段都高于女性。但无论男性还是女性，健康状况都随着年龄的增加基本呈现下降趋势。男性在55—60岁会迎来健康状况的一小波峰值，同时在60岁之后状态急转直下，女性健康的峰值则在45—50岁之间。从性别比较来看，男性健康人力资本的有效期更长，但75岁以后，女性的健康状况会接近男性（见图6-3）。

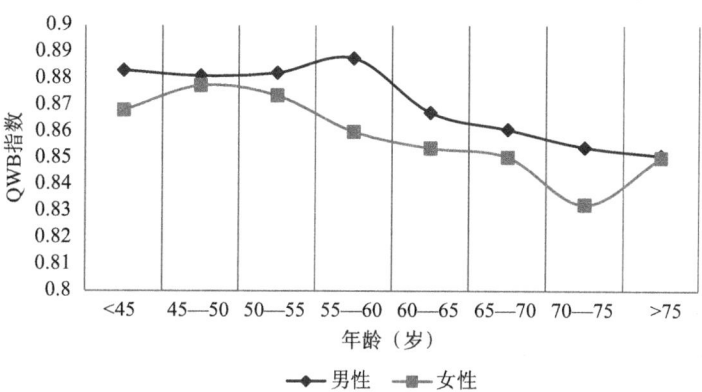

图6-3 分性别健康状况

（三）子代相对贫困

本书根据子代收入信息使用相对贫困指标来衡量子代是否处于贫困状态。常见的相对贫困线的定义为人均可支配收入中位数的60%（欧盟，2001）、50%或40%（世界银行，2017），使用收入中位数的50%作为子代收入的相对贫困线。由计算得知全体收入的中位数处于30000—50000元（等级7）之间，则收入等级处于5（10000—20000元）及以下的人视为处于相对贫困。

从分地区的回归结果来看，子代相对贫困率的均值都非常接近，其中总样本A-F多维贫困指数为0.3165，东部地区为0.3136，中部地区为0.3113以及西部地区为0.3665，且呈现东部最高、中部次之、西部最低的分布情况，这与父代的贫困及健康分布有所相同（见表6-10）。

表6-10　　　　　　　　　　子代相对贫困的特征

样本	观测值	均值	标准差	最小值	最大值
总样本	14078	0.3165	0.4651	0	1
东部地区	4180	0.3136	0.4640	0	1

续表

样本	观测值	均值	标准差	最小值	最大值
中部地区	3153	0.3113	0.4630	0	1
西部地区	5686	0.3665	0.4624	0	1

数据来源：根据 2018 年 CHARLS 数据库数据处理获得。

本章小结

本章首先对 2018 年 CHARLS 数据库的样本特征进行统计分析，共有 14078 个受访者符合条件，父代的平均年龄为 62 岁，最高受教育水平平均值为小学毕业，大多数农村居民仍从事农业劳动，子代的收入水平均值为 20000—30000 元，最高受教育水平平均值为高中毕业，从事商务与服务的人员最多。然后根据不同类别分组计算 A – F 多维贫困指数，按地区分组发现父代样本中东部地区的贫困程度均值明显低于中、西部地区，中、西部地区的贫困程度均值则较为接近，子代样本中相对贫困率的均值都非常接近，且呈现东部最高、中部次之、西部最低的分布情况，这与父辈的贫困及健康分布有所相同。最后通过 QWB 指数对健康进行度量，进行分地区统计可以发现西部地区人口最健康，中东西部地区三者之间居民健康水平的差距并不十分明显，分省统计显示西部的贵州，中部的湖南、湖北、河南以及东部的福建居民健康状况相对较差，健康状况较好的省份是黑龙江、山东、贵州、河南，较差的则有重庆、广西、北京和上海。男性的 QWB 指标在所有年龄段都高于女性。但无论男性还是女性，健康状况都随着年龄的增加基本呈现下降趋势。统计分析的结果为实证分析提供了数据基础，同时也反映了中国农村居民的基本情况。

第七章 中国农村居民家庭"健康差异—贫困差异"循环效应代际传递经验验证

第一节 研究假说

根据之前的文献综述与理论分析,个体健康与家庭贫困之间很可能存在着交互影响,即个体的不健康状况会加剧农村家庭多维贫困水平,反过来家庭多维贫困程度的加深会对个体健康产生负面影响。定义健康对贫困的影响为"健康—贫困效应",健康—贫困效应意味着健康状况作为自变量可以解释贫困程度的变化,同理"贫困—健康效应"意味着贫困能够影响个体健康。同时,这种健康与贫困的交互影响不仅存在于代内,父辈的健康与贫困也会影响子代的健康与贫困。综上,提出以下6个理论假设。

代内:

H1:个体的不健康会显著增加家庭的贫困程度。即代内存在健康—贫困效应。

H2:家庭的贫困程度会显著降低个体的健康水平。即代内存在贫困—健康效应。

代际：

H3：父辈的不健康会显著降低子代的健康水平。即存在健康的代际传递现象。

H4：父辈的不健康会显著加剧子代的贫困程度。即代际存在健康—贫困效应。

H5：父辈的贫困会显著加剧子代的贫困程度。即存在贫困的代际传递现象。

H6：父辈的贫困会显著降低子代的健康水平。即代际存在贫困—健康效应。

第二节 实证模型设定及结果分析

本书实证研究部分多次采用分组回归的方式对问题进行讨论。分组回归是指将总样本根据研究感兴趣的问题分为不同的子样本，并分别进行回归，根据回归结果得出结论。因为不同组别之间置信区间很可能存在重叠，所以组间回归系数并不能无条件横向比较。因此，使用基于似无相关模型 SUR（Seemingly Unrelated Regression）的检验来评估组间回归系数是否显著不同，具体实施办法是使用 Stata 官方命令 Suest 执行对模型中核心解释变量的 SUR 估计。同时采用个体固定效应来解决内生性问题。在代际回归模型中，为了减少损失样本容量，创建子代虚拟变量时默认缺失值为 0。

一、代内的健康—贫困效应

（一）代内的健康—贫困效应回归模型

根据健康收入效应理论，结合 CHARLS 数据库中国农村居民的面板数据，建立分组回归模型，回归方程如下：

$$AFindex = \beta_{10} + \beta_{11}QWB + \beta_{12}x_1 + \varepsilon_1 \quad \text{（公式 7-1）}$$

其中，AFindex 为 A-F 多维贫困指数，QWB 为健康指数，x_1 为控制变量，具体有教育缺失、非体制内、从事农业劳动、年龄、年龄平方以及性别，β_{10} 为常数项，β_{11}、β_{12} 为系数，ε_1 为随机扰动项。根据研究需要将不同控制变量逐步进行回归，共分为四个模型，其中模型 1 为基准回归模型，模型 2 加入教育缺失控制变量，模型 3 是在模型 2 基础上加入非体制内和从事农业劳动控制变量，模型 4 是在模型 3 基础上加入年龄、年龄平方以及性别控制变量，模型结果如表 7-1 所示。再进行分地区分组回归，将分别对全样本、东部地区子样本、中部地区子样本和西部地区子样本进行基准回归，结果如表 7-2 所示。

表 7-1　　　　　　　　　健康—贫困效应回归结果

	模型 1	模型 2	模型 3	模型 4
		A-F 多维贫困		
不健康	0.061***	0.031***	0.029***	0.018***
	(8.70)	(5.96)	(5.60)	(3.62)
教育缺失		0.063***	0.062***	0.056***
		(111.80)	(107.22)	(88.49)
非体制内			0.026***	0.030***
			(6.68)	(7.88)
从事农业劳动			-0.006***	0.006***
			(-3.20)	(2.88)
年龄				-0.772***
				(-3.74)
年龄平方				0.115***
				(4.57)
男性（女性）				-0.013***
				(-6.11)
常数项	0.253***	-0.149***	-0.161***	1.118***
	(29.85)	(-20.88)	(-20.78)	(2.64)
个体固定效应	是	是	是	是
样本量	14078	14078	14031	13779

注：*P<0.1，**P<0.05，***P<0.01。

数据来源：通过 Stata15.0 对 2018 年 CHARLS 数据库数据处理获得。

表 7-2　　　　　健康—贫困效应分地区回归结果

	全样本	东部地区	中部地区	西部地区
		A-F 多维贫困		
不健康	0.018***	0.027***	0.006	0.025***
	(3.62)	(2.99)	(0.54)	(3.14)
教育缺失	0.056***	0.053***	0.055***	0.057***
	(88.49)	(46.57)	(40.37)	(57.15)
非体制内	0.030***	0.033***	0.041***	0.021***
	(7.88)	(5.00)	(5.36)	(3.49)
从事农业劳动	0.006***	0.008**	0.000	0.012***
	(2.88)	(2.14)	(0.09)	(3.73)
年龄对数	-0.772***	0.300	-0.998***	-0.973***
	(-3.74)	(0.63)	(-2.88)	(-2.94)
年龄对数的平方	0.115***	-0.016	0.143***	0.140***
	(4.57)	(-0.28)	(3.38)	(3.48)
男性（女性）	-0.013***	-0.015***	-0.003	-0.015***
	(-6.11)	(-4.10)	(-0.79)	(-4.59)
常数项	1.118***	-1.082	1.596**	1.499**
	(2.64)	(-1.11)	(2.25)	(2.20)
个体固定效应	是	是	是	是
样本量	13779	4093	3096	5547

注：* $P<0.1$，** $P<0.05$，*** $P<0.01$。

数据来源：通过 Stata15.0 对 2018 年 CHARLS 数据库数据处理获得。

（二）代内的健康—贫困效应实证结果分析

由回归结果（见表 7-1）可知个体不健康的确会显著加剧家庭多维贫困程度，假设 H1 得证。健康、教育对个体来说是重要的人力资本，两者的缺失都会显著增加家庭的多维贫困程度。且在模型 2 与模型 3 中，教育对多维贫困的影响都近乎是健康的两倍。这符合"可行能力"理论的观点，健康状况不佳、受教育水平不高时，个体就会缺乏提升收入的机会和能力，从而易于加重家庭的多维贫困程度，或者难以摆脱多维贫困状态。

通过从事工作的类型和是否从事农业劳动控制了家庭的主要收入来源之后，健康状况不佳和教育缺失对多维贫困的贡献略有下降，但方向依旧不变。此外，家庭多维贫困与个体年龄的对数呈现正向线性相关关系，随着年龄的增长，家庭多维贫困程度会加重。值得注意的是性别的影响，加入性别虚拟变量的回归结果显示，女性健康的缺失对家庭多维贫困的加深程度显著高于男性。这样的结论与刘国恩等（2004）的观点一致，他们认为在中国，尤其是农村，女性健康的经济回报几乎是男性的两倍。

造成女性不健康的影响高于男性的原因可能有以下两点：一是将健康视为一种生产要素，并假定其处于边际报酬递减阶段，QWB健康指数的描述统计显示男性的健康状况是普遍高于女性的，因此男性健康的边际收益低于女性。二是女性生病对家庭收入来源的破坏程度高于男性。家庭成员患病势必会产生照料成本，而原本的劳动生产活动中男性贡献高于女性，因此女性生病男性因为照料而减少的收益高于男性生病女性因为照料而减少的收益。刘国恩等（2004）也证实了女性的工作时间的确会因为配偶患病产生更大的增加。

使用更准确的模型4对不同地区的样本分别进行回归发现（见表7-2），健康受挫依旧会加深家庭多维贫困程度，这在东部地区、西部地区均表现得十分明显，但在中部地区的表现则并不显著。相较之下，教育缺失的影响则贯穿了所有经济带，并全部保持在较高的水平上。由回归的显著水平可以看出模型4对中部地区的健康—贫困影响路径解释度并不高，但对东部、西部地区则有着较好的适用性。

二、代内的贫困—健康效应

（一）代内的贫困—健康效应回归模型

根据收入假说理论，结合CHARLS数据库中国农村居民的面板数据，建立分组回归模型，回归方程如下：

$$QWB = \beta_{20} + \beta_{21} AFindex + \beta_{22} x_2 + \varepsilon_2 \quad （公式7-2）$$

其中，QWB 为健康指数，AFindex 为 A-F 多维贫困指数，x_2 为控制变量，具体有年龄对数、工作满意度、养老保障、吸烟以及运动，β_{20} 为常数项，β_{21}、β_{22} 为系数，ε_2 为随机扰动项。根据研究需要将不同控制变量逐步进行回归，共分为四个模型，其中模型 1 为基准回归模型，模型 2 加入年龄对数控制变量，模型 3 是在模型 2 基础上加入工作满意度控制变量，模型 4 是在模型 3 基础上加入养老保障，模型 5 是在模型 4 基础上加入吸烟和运动控制变量，模型结果如表 7-3 所示。继续将分别对全样本、年龄分类子样本和性别分类子样本进行基准回归，结果如表 7-4 所示。

表 7-3　　　　　　　　贫困—健康效应回归结果

	模型 1	模型 2	模型 3	模型 4	模型 5
			QWB 指数		
多维贫困	-0.056***	-0.038***	-0.023***	-0.023***	-0.021***
	(-8.25)	(-5.20)	(-3.04)	(-3.13)	(-2.89)
年龄对数		-0.055***	-0.041***	-0.041***	-0.038***
		(-7.83)	(-5.74)	(-5.73)	(-5.23)
工作满意度			0.023***	0.023***	0.023***
			(8.68)	(8.70)	(8.69)
养老保障				-0.012***	-0.012***
				(-3.85)	(-4.08)
吸烟					-0.015**
					(-2.52)
运动					0.013***
					(3.81)
常数项	0.881***	1.101***	1.033***	1.043***	1.018***
	(359.75)	(39.19)	(35.56)	(35.78)	(34.04)
个体固定效应	是	是	是	是	是
样本量	14078	13823	13823	13823	13823

注：* $P<0.1$，** $P<0.05$，*** $P<0.01$。

数据来源：通过 Stata15.0 对 2018 年 CHARLS 数据库数据处理获得。

表7-4　　貧困—健康效应分年龄、分性别回归结果

	全样本	<45岁	45—61岁	>61岁	女性	男性
			QWB指数			
A-F贫困指数	-0.021***	-0.167**	-0.028***	-0.011	-0.022**	-0.009
	(-2.89)	(-2.48)	(-2.66)	(-1.06)	(-2.10)	(-0.77)
年龄对数	-0.038***	-0.023	-0.043**	-0.011	-0.043***	-0.040***
	(-5.23)	(-0.33)	(-2.06)	(-0.63)	(-4.46)	(-3.53)
工作满意度	0.023***	-0.000	0.019***	0.031***	0.028***	0.018***
	(8.69)	(-0.02)	(5.71)	(6.73)	(6.96)	(4.92)
养老保障	-0.012***	-0.040	-0.015***	-0.008*	-0.015***	-0.010**
	(-4.08)	(-1.59)	(-3.54)	(-1.83)	(-3.62)	(-2.12)
吸烟	-0.015**	-0.008	-0.010	-0.020**	-0.011	-0.018***
	(-2.52)	(-0.09)	(-1.22)	(-2.32)	(-0.73)	(-2.78)
运动	0.013***	0.009	-0.011*	0.025***	0.016***	0.011*
	(3.81)	(0.23)	(-1.78)	(5.64)	(3.31)	(1.97)
常数项	1.018***	1.019***	1.070***	0.884***	1.037***	1.029***
	(34.04)	(4.19)	(12.85)	(12.31)	(26.18)	(21.83)
个体固定效应	是	是	是	是	是	是
样本量	13823	130	6208	7485	7245	6578

注：* $P<0.1$，** $P<0.05$，*** $P<0.01$。

数据来源：通过Stata15.0对2018年CHARLS数据库数据处理获得。

（二）代内的贫困—健康效应实证结果分析

验证贫困—健康效应时选择个体QWB健康指数作为被解释变量，家庭A-F多维贫困指数作为核心解释变量。由回归结果可以看出，多维贫困程度上升会显著降低个体健康水平。即便在模型中不断加入新的控制变量，贫困对健康的负面影响有所下降，但是依旧显著，假设H2得证。贫困对健康产生负面影响的原因较为复杂。一方面，贫困意味着缺乏提升营养水平、改善环境的能力，这会对个体健康人力资本的初始积累产生不利影响。另一方面，贫困家庭面对疾病、事故等健康的外生冲击恢复能力

差,更容易陷入贫困导致不健康、不健康进一步加重贫困的负面循环之中。

如回归结果所示(见表7-3),模型3控制了个体工作满意度后,多维贫困对健康的负面影响降低,但依旧显著,这意味着贫困对健康的负面影响因个体的工作状态而异。

由数据描述统计知CHARLS问卷的被调查对象年龄均值为61.74岁,我们想观察在迈入45—61岁之前、之间与之后贫困对健康的负面影响是否有显著的变化。由表7-4中的回归结果可以看出,45岁以下以及45—61岁之间,贫困对健康的负面影响依旧有效,且在45—61岁之间其影响更大,并远高于平均水平,但当年龄大于61岁之后,贫困的负面影响将不再显著,但工作满意度、是否吸烟、是否运动对个体健康的影响则获得了强化。分析其原因,年龄之所以有影响是因为人的健康状况本身因年龄而异,45岁之前个体处于劳动生产的黄金时期,更可能拥有较稳定的收入来源从而更能保障自身健康,同时年轻群体代谢水平高、自身免疫力强、各类重大慢性疾病的发病率均低于年老水平,也就是说年轻群体对医疗保健的需求较小,因此年轻人贫困对健康的负面影响要低于中老年人。在年龄达到一定水平之后,影响更明显的是与养老保障及健康行为相关的变量,养老保障包括个体对工作的满意度、预期是否或正在领取养老金,健康行为中的是否吸烟与是否保持运动作用更加明显。

来自贫困—健康效应的分性别比较显示,贫困更能影响女性的健康水平,男性受到的影响则并不显著。同时女性的工作状态、养老保障均较男性对健康产生更大影响,这证明女性健康对工作性质的变化更敏感。

三、健康的代际传递

(一) 健康的代际传递回归模型

根据代际传递理论,结合CHARLS数据库中国农村居民的面板数据,建立分组回归模型，回归方程如下：

$$QWB_o = \beta_{30} + \beta_{31}QWB_p + \beta_{32}x_3 + \varepsilon_3 \qquad (公式7-3)$$

其中，QWB_o 为子代健康指数，QWB_p 为父代健康指数，x_3 为控制变量，具体有父代不健康、父代教育缺失、教育以及工作，β_{30} 为常数项，β_{31}、β_{32} 为系数，ε_3 为随机扰动项。首先进行全样本、父亲子样本和母亲子样本的基准回归，结果如表7-5所示。其次对全样本、共同居住子样本和非共同居住子样本进行回归，结果如表7-6所示。然后将对全样本、小学及以下子样本和小学及以上子样本进行回归，结果如表7-7所示。最后将对全样本、本科及以下子样本和本科及以上子样本进行回归，结果如表7-8所示。

（二）健康的代际传递实证结果分析

在验证父辈健康如何影响子代健康时，选择子代自评健康作为被解释变量，而核心解释变量为父辈 QWB 健康指数的倒数，数值越高代表父辈健康状况越差。由表7-5的第一列可以看出，父辈健康状况差对子代健康有着十分明显的负面影响。由文献总结可知，父辈健康首先会通过与生理、心理相关的基因直接遗传给下一代，且父辈的健康行为如吸烟习惯、饮酒频率、饮食倾向也会潜移默化地影响子代的健康行为。与此同时，父辈受教育水平低也会对子代健康产生不利影响。作为重要的人力资本来源，父辈受教育水平与子代早期的健康环境直接相关，父辈受教育水平越高收入越高，就越能够为子代提供更好的营养、医疗条件，有助于子代人力资本的早期积累。

表7-5　　　　　　　　健康代际传递现象

	全样本	母亲	父亲
		子代健康	
父辈不健康	-0.517***	-0.755***	-0.196***
	(-3.89)	(-4.24)	(-0.98)

续表

	全样本	母亲	父亲
		子代健康	
父辈教育缺失	-0.118***	-0.148***	-0.097***
	(-8.23)	(-7.32)	(-4.28)
教育	0.129***	-0.000	0.001
	(10.15)	(-0.73)	(0.75)
工作	-0.124**	-0.013**	-0.261**
	(-2.01)	(-0.17)	(-2.67)
常数项	5.335***	5.790***	4.877***
	(28.94)	(23.63)	(17.25)
个体固定效应	是	是	是
样本量	1513	844	669

注：* $P<0.1$，** $P<0.05$，*** $P<0.01$。

数据来源：通过 Stata15.0 对 2018 年 CHARLS 数据库数据处理获得。

子代健康受自身受教育水平及工作类型的影响。首先，健康教育梯度的存在于子代的研究中得到了证明。受教育水平越高的人自评健康状况越好。其次，关于工作类型的影响，设置子代工作虚拟变量，值为"1"代表子代工作在第三产业，具体包括四类：国家机关、党群组织、企业、事业单位负责人；专业技术人员；办事人员和其他相关；商业、服务业人员。而值为"0"的对照组则是指工作在第一、二产业的人，包括农、林、牧、渔、水利业生产人员以及生产、运输设备操作人员及其他相关人员。而回归结果表明，工作在第三产业的人健康状况普遍较差，平均低于第一、二产业从业人员 0.131 个自评健康单位。

对父亲和母亲的分组回归结果显示，母亲不健康对子代健康的负面影响高于父亲 0.559 个单位。分组回归的 P 值为 0.0911，代表父亲和母亲的健康对子代健康影响的差别在 10% 的置信水平上显著。父辈教育缺失的影响则是母亲略高于父亲。

对父辈健康影响子代健康的路径分析中,文献认为存在基因遗传的直接影响方式和健康行为、健康环境的间接影响方式两种途径。个体携带的基因因为测量手段以及隐私问题而难以观测,因此只能尝试印证健康代际传递的间接影响路径。健康行为和健康环境要在代际造成影响势必要受到两代人居住方式的影响,丁继红与董旭达(2017)证明了老年人健康受到与子女居住方式的影响,与子女合住的老年人虽然在生理活动方面没有明显优势,但其自评健康及认知水平都高于与子女分离的老年人,与子女合住的确提升了老年人的劳动参与率(曾毅,2013)。同理可以推断,父辈健康对子代健康的影响也会因为居住方式不同而不同。据此将总样本区分为子代与父母共同居住及非共同居住两个子样本,其中共同居住包括子代与父母同住且经济不独立、同住但经济独立以及同住一个院子或相邻公寓三种情况,而非共同居住包括子代在国内未共同居住以及子代在国外居住两种情况。

从回归结果可以看出(见表7-6),在父辈与子辈共同居住的情况下,父辈不健康的影响明显要更强,共同居住较非共同居住不健康的影响高出了26.12%。子代因学习、工作等情况长期离家或与父母分家生活时,与父辈处于不同的健康环境并脱离父辈健康行为的潜移默化影响之后,父辈的不健康对子代的影响将会出现明显的降低。而父辈受教育水平不足对子代健康的负面影响也因为非共同居住而出现了明显的降低,由0.074下降到0.039,影响幅度几乎只有共同居住时的一半。

表7-6　　　　　　　不同居住方式对健康代际传递的影响

	全样本	共同居住	非共同居住
		子代健康	
父辈不健康	-0.464***	-0.536**	-0.425***
	(-3.60)	(-2.48)	(-2.64)
父辈教育缺失	-0.052***	-0.074***	-0.039*
	(-3.38)	(-3.00)	(-1.96)
教育	0.129***	0.148***	0.119***
	(10.15)	(6.92)	(7.44)

续表

	全样本	共同居住	非共同居住
		子代健康	
工作	-0.131**	-0.104	-0.138
	(-2.20)	(-1.20)	(-1.62)
常数项	4.121***	4.246***	4.046***
	(19.21)	(11.90)	(14.81)
个体固定效应	是	是	是
样本量	1508	595	913

注：* $P<0.1$，** $P<0.05$，*** $P<0.01$。

数据来源：通过 Stata15.0 对 2018 年 CHARLS 数据库数据处理获得。

由前述数据描述统计部分可知，样本中父辈的平均受教育水平为小学毕业，而子代的平均受教育水平为专科以上，通过分组回归分别观察父辈和子代受教育水处于平均值上下的家庭，其健康代际传递的程度是否存在不同。由表 7-7 的回归结果可以看出，父辈受教育水平低于平均水平时，不健康的代际传递倾向越小；父辈受教育水平高于平均水平时，不健康的代际传递倾向越大。父辈受教育水平低时，收入的预期值低，缺乏有效影响子代健康的经济条件。受教育水平更高的父辈往往有着更高的收入，因而其自身健康状况的下降更容易传递到子代身上。由表 7-8 可知，子代受教育水平在本科以下时，父辈不健康的影响为 0.469，而子代受教育水平在本科及以上时，父辈不健康的影响则不再显著。由此可见，子代受教育水平的提高一定程度上可以打破健康的代际传递现象。

表 7-7　　　　父辈不同受教育水平下健康代际传递的差别

	全样本	小学及以下	小学以上
		子代健康	
父辈不健康	-0.517***	-0.392***	-0.783***
	(-3.89)	(-2.53)	(-3.13)
父辈教育缺失	-0.118***	-0.114***	-0.012
	(-8.23)	(-4.75)	(-0.18)

续表

	全样本	小学及以下	小学以上
		子代健康	
教育	0.129***	-0.000	0.138***
	(10.15)	(-0.22)	(5.69)
工作	-0.124**	-0.130*	-0.199*
	(-2.01)	(-1.76)	(-1.81)
常数项	5.335***	5.155***	4.324***
	(28.94)	(20.16)	(8.88)
个体固定效应	是	是	是
样本量	1513	1115	398

注：* $P<0.1$，** $P<0.05$，*** $P<0.01$。

数据来源：通过 Stata15.0 对 2018 年 CHARLS 数据库数据处理获得。

表 7-8　　子代不同受教育水平下健康代际传递的区别

	全样本	本科以下	本科及以上
		子代健康	
父辈不健康	-0.464***	-0.469***	-0.413
	(-3.60)	(-3.38)	(-1.22)
父辈教育缺失	-0.052***	-0.051***	-0.065*
	(-3.38)	(-3.03)	(-1.78)
教育	0.129***	0.123***	-0.137
	(10.15)	(7.36)	(-0.76)
工作	-0.131**	-0.144**	-0.041
	(-2.20)	(-2.21)	(-0.30)
常数项	4.121***	4.155***	6.532***
	(19.21)	(17.68)	(3.77)
个体固定效应	是	是	是
样本量	1508	1324	184

注：* $P<0.1$，** $P<0.05$，*** $P<0.01$。

数据来源：通过 Stata15.0 对 2018 年 CHARLS 数据库数据处理获得。

综上所述，父辈不健康存在着明显的代际传递现象，且这种传递效果呈现出母亲高于父亲，共同居住高于非共同居住的特征。而无论是父辈还是子辈，拥有更高受教育水平的家庭总是能减弱这种不健康的代际传递。

四、代际健康—贫困效应

（一）代际健康—贫困效应回归模型

根据代际传递理论，结合 CHARLS 数据库中国农村居民的面板数据，建立分组回归模型，回归方程如下：

$$AFindex_o = \beta_{40} + \beta_{41}QWB_p + \beta_{42}x_4 + \varepsilon_4 \qquad （公式7-4）$$

其中，QWB_p 为父代健康指数，$AFindex_o$ 为子代 A-F 多维贫困指数，x_4 为控制变量，具体有父代不健康、父代从事农业劳动、工作、配偶工作以及房产，β_{40} 为常数项，β_{41}、β_{42} 为系数，ε_4 为随机扰动项。首先进行全样本、父亲子样本和母亲子样本的基准回归，结果如表7-9所示。其次对全样本、小学及以下子样本和小学及以上子样本进行回归，结果如表7-10所示。最后将对全样本、本科及以下子样本和本科及以上子样本进行回归，结果如表7-11所示。

表7-9　　　　　　　　　代际健康—贫困效应

	全样本	母亲	父亲
		子代贫困	
父辈不健康	0.058***	0.086***	0.030
	(2.97)	(3.09)	(1.08)
父辈从事农业劳动	0.027***	0.012	0.045***
	(3.60)	(1.14)	(4.02)
工作	0.172***	0.161***	0.186***
	(16.52)	(11.24)	(12.26)
配偶工作	-0.098***	-0.088***	-0.112***
	(-8.11)	(-5.36)	(-6.30)

续表

	全样本	母亲	父亲
		子代贫困	
房产	0.265***	0.244***	0.288***
	(29.94)	(20.04)	(22.37)
常数项	0.133***	0.117***	0.147***
	(5.44)	(3.39)	(4.26)
个体固定效应	是	是	是
样本量	14037	7398	6639

注：* P<0.1, ** P<0.05, *** P<0.01。

数据来源：通过Stata15.0对2018年CHARLS数据库数据处理获得。

表7-10 父辈不同教育水平下代际健康—贫困效应的差别

	全样本	小学及以下	小学以上
		子代贫困	
父辈不健康	0.058***	0.067***	0.038
	(2.97)	(2.95)	(0.95)
父辈从事农业劳动	0.027***	0.023***	0.049***
	(3.60)	(2.62)	(3.16)
工作	0.172***	0.148***	0.230***
	(16.52)	(11.91)	(11.96)
配偶工作	-0.098***	-0.074***	-0.147***
	(-8.11)	(-5.23)	(-6.38)
房产	0.265***	0.288***	0.184***
	(29.94)	(28.76)	(9.61)
常数项	0.133***	0.120***	0.156***
	(5.44)	(4.27)	(3.18)
个体固定效应	是	是	是
样本量	14037	10481	3556

注：* P<0.1, ** P<0.05, *** P<0.01。

数据来源：通过Stata15.0对2018年CHARLS数据库数据处理获得。

表 7-11　子代不同受教育水平下代际健康—贫困效应的差别

	全样本	本科以下	本科及以上
		子代贫困	
父辈不健康	0.058***	-0.009	0.070***
	(2.97)	(-0.14)	(3.51)
父辈从事农业劳动	0.027***	0.076***	0.025***
	(3.60)	(2.88)	(3.31)
工作	0.172***	-0.078***	0.183***
	(16.52)	(-2.60)	(16.94)
配偶工作	-0.098***	-0.170***	-0.094***
	(-8.11)	(-4.98)	(-7.52)
房产	0.265***	-0.059**	0.283***
	(29.94)	(-2.21)	(30.92)
常数项	0.133***	0.678***	0.086***
	(5.44)	(8.04)	(3.50)
个体固定效应	是	是	是
样本量	14037	1324	12713

注：* $P<0.1$，** $P<0.05$，*** $P<0.01$。

数据来源：通过 Stata15.0 对 2018 年 CHARLS 数据库数据处理获得。

（二）代际健康—贫困效应实证结果分析

在研究代际健康—贫困效应时，被解释变量为子代是否相对贫困，而核心解释变量为父辈 QWB 指数的倒数，表示父辈的不健康程度。除了父辈健康状况，还关注了父辈是否从事农业活动对子代贫困的影响，因为并非所有农村居民都有机会从事农业活动，存在相当一部分农村居民缺乏土地等生产资本而无法从事农业生产，或是把土地外包出去自己在本地打工、从事个体生产的情况。而父辈的不同收入来源将直接决定着子代能够从父辈手里获得的资产以及生产经验，因而也是解释子代相对贫困的重要变量。在问卷中选取"过去一年，您有没有为自家干过农活、从事农业活

第七章　中国农村居民家庭"健康差异—贫困差异"循环效应代际传递经验验证

动,并且至少 10 天以上?"作为父辈是否从事农业生产的代理变量。这里的干农活包括种地、管理果树、采集农林产品、养鱼、打鱼、养牲畜以及去市场销售自家生产的农产品等行为。

模型选定的其他影响子代贫困的解释变量为子代工作性质、配偶工作性质以及子代名下是否拥有产权。工作状况会直接决定一个人的收入水平,也影响着一个人是否更容易处在相对贫困之中。子代在成家之后,夫妻双方共同的收入水平更能代表他的经济状况,所以子代相对贫困指标是以夫妻双方过去一年的收入为基础进行计算的,配偶的工作性质也因而成为影响子代贫困的重要解释变量。除了工作收入直接影响贫困外,固定资产对个体贫困的影响也很明显。从问卷中选取"他(孩子)名下是否有房产"的变量来代表子代的固定资产拥有水平。以此通过工作(流量收入)、固定资产(存量收入)两方面来解释个体的相对贫困水平。

由表 7-9 的第一列可以看出,父辈不健康会显著加重子代的贫困水平,假设 H4 得证。而父辈从事农业劳动的家庭子代相对贫困程度更高,这表示农业从业家庭出身的孩子更容易陷入相对贫困。父亲、母亲的分组回归差别显著,母亲的不健康对子代贫困的影响更大,是父亲组的两倍以上。这与代内健康—贫困效应的结果一致,无论是对自身贫困还是子代贫困,母亲的影响都明显强于父亲。

接下来探究两代人不同受教育水平下代际健康—贫困效应是否存在差别。表 7-10 是父辈受教育水平在均值之上与之下两个子样本的分组回归结果。父辈受教育水平在小学及以下的家庭中,父辈不健康会显著导致子代贫困,且影响程度高于全样本的均值。而父辈受教育水平在小学以上时,代际健康—贫困效应则不再显著。

而子代不同受教育水平的分组回归如表 7-11 所示,子代受教育水平在本科及以上的群体,其子代贫困受父辈不健康的影响程度高于全样本。分析其原因,子代受教育水平越高,获得收入的时间越晚,子代经济独立时,父辈的年龄越大,健康也越容易出现问题。而受教育水平更高的子代在经济独立之前,家庭资源会从父辈健康状况的维持与改善向子代的教育倾斜，这也导致父辈健康更容易出现问题，从而对子代贫困产生更明显的负面影响。而子代受教育水平在本科以下的组别中父辈不健康的影响则不再显著。

综上所述，总体来看父辈不健康会加重子代贫困程度，且母亲不健康对子代贫困的影响高于父亲。父辈受教育水平在小学及以下的组中，父辈不健康的影响高于总体水平，而子代受教育水平在本科及以上时，父辈不健康的影响也高于总体水平。在代际健康—贫困效应中，对母亲不健康的关注应该更多，而一味地提升子代教育水平并不利于阻断健康—贫困效应在代际的传递。

五、贫困的代际传递

（一）贫困的代际传递回归模型

根据代际传递理论，结合 CHARLS 数据库中国农村居民的面板数据，建立分组回归模型，回归方程如下：

$$AFindex_o = \beta_{50} + \beta_{51} AFindex_p + \beta_{52} x_5 + \varepsilon_5 \qquad (公式7-5)$$

其中，$AFindex_o$ 为子代 A-F 多维贫困指数，$AFindex_p$ 为父代 A-F 多维贫困指数，x_5 为控制变量，具体有父代不健康、父代从事农业劳动、工作、配偶工作以及房产，β_{50} 为常数项，β_{51}、β_{52} 为系数，ε_5 为随机扰动项。首先进行全样本、父亲子样本和母亲子样本的基准回归，结果如表7-12所示。其次对全样本、东部地区子样本、中部地区子样本和西部地区子样本进行回归，结果如表7-13所示。然后将对全样本、小学及以下子样本和小学以上子样本进行回归，结果如表7-14所示。最后将对全样本、本科以下子样本和本科及以上子样本进行回归，结果如表7-15所示。

表 7-12　　　　　　　　　贫困的代际传递现象

	全样本	母亲	父亲
		子代贫困	
父辈贫困	0.150***	0.088***	0.234***
	(6.33)	(2.59)	(6.71)
父辈从事农业劳动	0.028***	0.011	0.045***
	(3.63)	(1.03)	(4.09)
工作	0.177***	0.164***	0.194***
	(17.00)	(11.38)	(12.77)
配偶工作	-0.096***	-0.087***	-0.108***
	(-7.93)	(-5.28)	(-6.09)
房产	0.256***	0.240***	0.275***
	(28.66)	(19.39)	(21.20)
常数项	0.154***	0.188***	0.117***
	(15.23)	(12.41)	(8.47)
个体固定效应	是	是	是
样本量	14037	7398	6639

注：*P<0.1，**P<0.05，***P<0.01。

数据来源：通过 Stata15.0 对 2018 年 CHARLS 数据库数据处理获得。

表 7-13　　　　　　　　　父辈贫困影响子代贫困

	全样本	东部地区	中部地区	西部地区
		子代贫困		
父辈贫困	0.150***	0.187***	0.147***	0.104***
	(6.33)	(4.15)	(2.88)	(2.86)
父辈从事农业劳动	0.028***	0.050***	0.013	0.021*
	(3.63)	(3.55)	(0.84)	(1.79)
工作	0.177***	0.182***	0.192***	0.163***
	(17.00)	(9.58)	(8.82)	(10.03)
配偶工作	-0.096***	-0.076***	-0.123***	-0.089***
	(-7.93)	(-3.49)	(-4.76)	(-4.78)
房产	0.256***	0.230***	0.231***	0.259***
	(28.66)	(13.83)	(11.74)	(18.72)
常数项	0.154***	0.135***	0.171***	0.163***
	(15.23)	(7.41)	(7.79)	(10.44)
个体固定效应	是	是	是	是
样本量	14037	4170	3136	5675

注：*P<0.1，**P<0.05，***P<0.01。

数据来源：通过 Stata15.0 对 2018 年 CHARLS 数据库数据处理获得。

表7-14　父辈不同受教育水平下贫困代际传递的区别

	全样本	小学及以下	小学以上
		子代贫困	
父辈贫困	0.150***	0.154***	0.382***
	(6.33)	(5.27)	(5.57)
父辈从事农业劳动	0.028***	0.023***	0.046***
	(3.63)	(2.63)	(3.03)
工作	0.177***	0.152***	0.233***
	(17.00)	(12.20)	(12.18)
配偶工作	-0.096***	-0.072***	-0.147***
	(-7.93)	(-5.06)	(-6.39)
房产	0.256***	0.280***	0.174***
	(28.66)	(27.77)	(9.08)
常数项	0.154***	0.143***	0.130***
	(15.23)	(10.85)	(7.09)
个体固定效应	是	是	是
样本量	14037	10481	3556

注：* $P<0.1$，** $P<0.05$，*** $P<0.01$。

数据来源：通过Stata15.0对2018年CHARLS数据库数据处理获得。

表7-15　子代不同受教育水平下贫困代际传递的区别

	全样本	本科以下	本科及以上
		子代贫困	
父辈贫困	0.150***	-0.147**	0.362
	(6.33)	(-2.03)	(1.62)
父辈参与农业劳动	0.028***	0.074***	-0.038
	(3.63)	(2.80)	(-0.61)
工作	0.177***	-0.087***	-0.066
	(17.00)	(-2.87)	(-1.02)
配偶工作	-0.096***	-0.170***	-0.418***
	(-7.93)	(-4.98)	(-4.83)
房产	0.256***	-0.043	-0.315***
	(28.66)	(-1.55)	(-3.63)
常数项	0.154***	0.730***	0.753***
	(15.23)	(18.46)	(10.32)
个体固定效应	是	是	是
样本量	14037	1324	183

注：* $P<0.1$，** $P<0.05$，*** $P<0.01$。

数据来源：通过Stata15.0对2018年CHARLS数据库数据处理获得。

（二）贫困的代际传递实证结果分析

贫困代际传递的研究中，子代贫困为被解释变量，父辈 A-F 多维贫困指数是核心解释变量，同前述原因，也关注父辈从事农业劳动对子代贫困的影响。子代贫困的其他控制变量选择与前文选择相同。

模型的回归结果显示，父辈越贫困则子代也越贫困，即中国农村居民存在贫困的代际传递现象，假设 H5 得证。由表 7-12 的第一列可知，父辈贫困指数每提升一单位，会导致子代贫困提升 0.15 单位。而母亲与父亲分组回归时组间系数差别检验的 P 值为 0.0034，这表示父亲与母亲贫困的两组间父辈贫困回归系数的差别是显著的。母亲贫困每增加 1 单位，子代贫困预期会平均增加 0.088 个单位，低于全样本；而父亲贫困每增加 1 单位，子代贫困预期会增加 0.234 个单位，高于全样本。与此同时，父亲从事农业劳动对子代贫困的影响是显著的，而母亲组从事农业劳动的影响则并不显著。一般来说，父亲收入在家庭收入中占的比重可能更大，由于"子承父业"现象的存在，父亲贫困的代际传递程度更高也符合预期。

按不同地区将样本进行分组分别回归发现（见表 7-13），东部地区贫困代际传递现象最严重，中部地区次之，西部地区最轻。其中东部地区贫困的代际传递程度高于总样本，中部和西部地区则都低于总样本。简单来说，经济越发达的地区，贫困代际传递现象越明显，代表这里的社会经济地位流动性更低，阶层固化可能更严重。

国内外研究贫困代际传递的文献不在少数，许多研究者都认为教育是阻断贫困代际传递的有效手段，接下来将探究父辈、子代受教育水平不同时贫困代际传递效应会有什么差异。首先，尝试将父辈受教育水平作为解释变量直接纳入模型中，但回归结果并不显著，因此依旧采用分组回归的方式分析。

表 7-14 为父辈不同受教育水平的分组结果，在对总样本进行分组之后，不同组别内部父辈贫困对子代贫困的影响依旧显著。当父辈受教育水

平在小学以上时,父辈贫困每增加 1 单位,子代贫困会增加 0.382 单位,而父辈受教育水平在小学及以下时,父辈贫困每提升 1 单位,子代贫困会增加 0.154 单位。贫困代际传递现象并不会因为父辈受教育水平在均值之上而有所降低。

再观察子代的分组情况(见表 7 - 15),子代受教育水平在本科以下时,父辈贫困对子代贫困的影响依旧显著,但子代受教育水平在本科及以上时,贫困代际传递现象则不再显著。可见子代受教育水平的提高在某种程度上能够打破贫困的代际传递。

六、代际贫困—健康效应

(一) 代际贫困—健康效应回归模型

根据代际传递理论,结合 CHARLS 数据库中国农村居民的面板数据,建立分组回归模型,回归方程如下:

$$QWB_o = \beta_{60} + \beta_{61} AFindex_p + \beta_{62} x_6 + \varepsilon_6 \quad (公式 7-6)$$

其中,QWB_o 为子代健康指数,$AFindex_p$ 为父代 A - F 多维贫困指数,x_6 为控制变量,具体有父代年龄以及教育,β_{60} 为常数项,β_{61}、β_{62} 为系数,ε_6 为随机扰动项。首先对全样本、东部地区子样本、中部地区子样本和西部地区子样本进行回归,结果如表 7 - 16 所示。其次对全样本、小学及以下子样本和小学以上子样本进行回归,结果如表 7 - 17 所示。再次对全样本、本科以下子样本和本科及以上子样本进行回归,结果如表 7 - 18 所示。最后对全样本、同住且经济不独立子样本、同住且经济独立子样本、同住在相同或相邻院子子样本和其他子样本进行回归,结果如表 7 - 19 所示。

第七章 中国农村居民家庭"健康差异—贫困差异"循环效应代际传递经验验证

表 7-16 代际贫困—健康效应

	全样本	东部地区	中部地区	西部地区
		子代健康		
父辈贫困	-0.921***	-1.509***	-0.520	-0.783***
	(-5.32)	(-4.26)	(-1.52)	(-3.00)
父辈年龄	-0.012***	-0.017***	-0.012**	-0.011***
	(-4.88)	(-3.38)	(-2.46)	(-2.89)
教育	0.070***	0.017	0.121***	0.081***
	(4.56)	(0.52)	(3.75)	(3.65)
常数项	4.538***	5.266***	4.054***	4.457***
	(23.56)	(13.34)	(10.78)	(15.36)
个体固定效应	是	是	是	是
样本量	1485	393	373	601

注:* P<0.1,** P<0.05,*** P<0.01。

数据来源:通过 Stata15.0 对 2018 年 CHARLS 数据库数据处理获得。

表 7-17 不同父辈受教育水平下代际贫困—健康效应的区别

	全样本	小学及以下	小学以上
		子代健康	
父辈贫困	-0.921***	-0.849***	-1.270***
	(-5.32)	(-4.00)	(-3.18)
父辈年龄	-0.012***	-0.009***	-0.034***
	(-4.88)	(-3.17)	(-5.61)
教育	0.070***	0.075***	0.050*
	(4.56)	(4.15)	(1.77)
常数项	4.538***	4.264***	5.963***
	(23.56)	(18.99)	(14.44)
个体固定效应	是	是	是
样本量	1485	1090	395

注:* P<0.1,** P<0.05,*** P<0.01。

数据来源:通过 Stata15.0 对 2018 年 CHARLS 数据库数据处理获得。

表 7-18　不同子代受教育水平下代际贫困—健康效应的区别

	全样本	本科以下	本科及以上
		子代健康	
父辈贫困	-0.921***	-0.816***	-1.933***
	(-5.32)	(-4.34)	(-4.63)
父辈年龄	-0.012***	-0.012***	-0.015**
	(-4.88)	(-4.56)	(-2.09)
教育	0.070***	0.066***	-0.074
	(4.56)	(3.40)	(-0.44)
常数项	4.538***	4.499***	6.281***
	(23.56)	(21.17)	(4.17)
个体固定效应	是	是	是
样本量	1485	1304	181

注：* $P<0.1$，** $P<0.05$，*** $P<0.01$。

数据来源：通过 Stata15.0 对 2018 年 CHARLS 数据库数据处理获得。

表 7-19　不同居住条件下代际贫困—健康效应的区别

	全样本	同住且经济不独立	同住且经济独立	同住在相同或相邻院子	其他
			子代健康		
父辈贫困	-0.921***	-1.151***	-1.474***	-1.182*	-0.724***
	(-5.32)	(-3.18)	(-2.62)	(-1.83)	(-3.14)
父辈年龄	-0.012***	-0.019***	-0.009	-0.004	-0.012***
	(-4.88)	(-3.35)	(-1.04)	(-0.40)	(-3.59)
教育	0.070***	0.079**	0.011	0.094*	0.071***
	(4.56)	(2.32)	(0.20)	(1.67)	(3.51)
常数项	4.538***	4.897***	4.940***	3.923***	4.477***
	(23.56)	(11.99)	(7.59)	(5.72)	(16.65)
个体固定效应	是	是	是	是	是
样本量	1485	318	145	120	844

注：* $P<0.1$，** $P<0.05$，*** $P<0.01$。

数据来源：通过 Stata15.0 对 2018 年 CHARLS 数据库数据处理获得。

(二) 代际贫困—健康效应实证分析结果

代际贫困—健康效应中除了核心解释变量父辈贫困之外，还关注了父辈年龄对子代健康的影响。而控制变量部分根据健康教育梯度理论，使用子代教育来解释子代健康的变化。分地区的回归结果显示（见表7-16），东部地区代际贫困—健康效应依旧显著，且高于全体样本；西部地区也依旧显著，但低于全体样本；中部地区的代际贫困—健康效应则不再显著。东部地区父辈的贫困程度最低，但其代际贫困—健康效应却更强。分析背后原因，可能是东部地区的贫富差距更大。因此，即使父辈贫困程度总体更低，贫困的家庭依旧没有医疗资源的倾斜因而难以维持自身及子代良好的健康水平。

在按照父辈受教育水平分组之后（见表7-17），代际贫困—健康效应依旧存在，且父辈受教育水平在小学以上的子样本中，父辈贫困的影响更大，而父辈受教育水平在小学及以下的子样本中，父辈贫困的影响则低于总样本。因此，父辈更高的受教育水平一定程度上意味着更高的代际贫困—健康效应。而表7-18中的子代受教育水平分组回归则显示，子代受教育水平越高的群体中，子代健康受父辈贫困的影响更大。也就是说子代受教育水平越高，其健康在面对父辈贫困的影响时可能表现得越脆弱。

子代健康出现问题时，父辈除了提供直接的物质帮助之外，还可以提供照料来帮助改善子代健康。观察不同居住方式及子代经济是否独立的分组回归结果时发现（见表7-19），同住且经济独立的子代健康受父辈贫困的影响最明显，同住但经济不独立的子代健康受父辈贫困的影响稍降，但依旧显著，仅居住在相同或相邻院子（一般认为经济已经独立）的子代健康受父辈贫困影响的显著性降低，而与父辈分离的子代受影响程度最低。

综上所述，代际贫困—健康效应存在，且东部地区的程度更深。父辈受教育水平更高时，代际贫困—健康效应更大，而子代受教育水平越高的群体，其代际贫困—健康效应则程度越深。此外，父辈与子代以居住方式、经济是否独立为代表的生活亲密度越高，代际贫困—健康效应表现得会越明显。

七、贫困代际传递的 Blanden 分解

构建模型计算代际贫困弹性。模型中涉及的父辈（elder generation）变量以 e 为下标，而子代（filial generation）变量则以 f 为下标。首先，模型的基准方程是子代贫困作为被解释变量的回归。其次，将之与加入健康之后的回归系数进行对比，得出加入的变量对代际贫困弹性的影响。

$$y_f = \alpha + \beta y_e + u \qquad \text{（公式 7-7）}$$

其中，y_f 为子代贫困程度，y_e 父辈贫困程度，β 即为简单代际贫困弹性系数。

$$y_f = \alpha + \beta_1 y_e + \gamma X_i + u_1 \qquad \text{（公式 7-8）}$$

在加入影响子代贫困程度的其他控制变量 X_i 之后，可以得到条件代际贫困弹性 β_1。条件代际贫困弹性相对于简单代际贫困弹性的变化率 $\dfrac{\beta_1 - \beta}{\beta}$ 就可以代表新添加的变量 X_i 对代际贫困弹性的影响程度。

使用 Blanden 分解方法对代际贫困弹性进行分解以探究健康在贫困代际传递中的贡献。分解过程可以分为两步：

第一步，父辈贫困对中间因素子代健康进行回归。

$$health_f = \lambda + \lambda_1 y_e + \gamma_1 X_i + v_1 \qquad \text{（公式 7-9）}$$

第二步，中间因素子代健康对子代贫困进行回归。

$$y_f = \theta + \theta_1 health_f + \gamma_2 X_i + v_2 \qquad \text{（公式 7-10）}$$

由此可以将总的代际贫困弹性分解为两部分，其一是来自健康人力资本的影响，其二是来自其他因素对代际贫困弹性的影响。

$$\rho = \lambda_1 \theta_1 + \dfrac{\text{Cov}(y_e, v_2)}{\text{Var}(y_e)} \qquad \text{（公式 7-11）}$$

其中，健康人力资本对代际贫困弹性的贡献率如下：

$$\tau = \dfrac{\lambda_1 \theta_1}{\rho} \qquad \text{（公式 7-12）}$$

表 7-20 为 Blanden 分解中健康人力资本对代际贫困传递的贡献率。父辈贫困对子代健康的影响在 1% 的置信水平上显著，父辈贫困会显著降低子代健康水平，同时第二步回归的结果还表明了提升哪个子代健康水平都会显著降低子代贫困程度。在此基础上，健康对贫困在代际传递的贡献率高达 13.4%。由此可见，健康人力资本是贫困在代际传递的重要影响因素，改善居民健康水平一定程度上可以缓解贫困在代际的传递现象。

表 7-20   Blanden 分解结果

第一步回归	第二步回归	代际贫困弹性	健康贡献率	其他因素贡献率
λ_1	θ_1	ρ	τ	$1-\tau$
-0.921	-0.488	0.518	13.4%	86.6%

八、内生性与面板数据模型

变量内生性是指模型中一个或多个解释变量与随机扰动项相关导致的参数估计一致性受损。无论是健康还是贫困，其影响因素都是复杂多样的，因此实证模型中的遗漏变量问题不可避免。内生性问题更为常见的原因是变量间的交互影响，无论是基于经验还是理论我们都有理由相信个体健康与贫困之间存在一定程度上的互为因果。综上所述，为构建更加合理的健康、贫困交互影响路径，本节将在原来 CHARLS 2018 年数据的基础上，添加 CHARLS 2015 年、2013 年、2011 年的数据，通过面板数据的形式重新构建实证模型，以期通过面板数据降低一部分遗漏变量问题。

中国健康与养老追踪调查数据会针对数据库中的个体在不同年份进行连续的追踪调查，因此形成了被观测者过万的大型数据截面。虽然年份较少，但短面板数据依然有着优于截面数据的特征。首先，面板数据可以解决遗漏变量问题。因为不可观测的个体差异而造成的遗漏变量问题普遍存在，虽然工具变量可以应对，但有效的工具变量往往难以获得，此时面板数据则不可或缺。其次，面板数据较之截面数据容量更大，同时拥有截面和时间两个维度，可以有效提高估计的精确度。受限于大型微观数据库的数据处理难度，本节仅针对健康与贫困之间交互影响的部分使用面板数据进行实证分析。首先将 CHARLS 四年期的数据纵向合并为平衡的短面板数据，设置个人 ID 作为面板变量，年份作为时间变量。其中，每个变量的缺失值、赋值等处理细节同于本章之前的实证部分。

表 7-21 报告了不健康造成贫困的固定效应模型回归结果。回归输出的 F 检验结果显示，强烈拒绝混合回归结果可接受的原假设，因此固定效应回归模型明显优于混合回归。回归结果表明，在考虑了工作类型等影响贫困程度的控制变量之后，个体健康水平的下降会显著加深其贫困程度。

表 7-21　　　　健康对贫困影响的固定效应回归结果

贫困	回归系数	标准误	t 值	P 值	置信区间	置信区间	显著性
健康	-0.023	0.008	-3.03	0.002	-0.038	-0.008	***
工作类型	-0.166	0.01	-16.54	0	-0.185	-0.146	***
常数项	0.538	0.007	74.87	0	0.524	0.553	***

注：*** $P<0.01$，** $P<0.05$，* $P<0.1$。

贫困对健康的回归模型中，F 检验的结果依旧拒绝混合回归，确定了个体效应的存在，其回归结果如表 7-22 所示。模型中加入了教育等影响个体健康水平的控制变量之后，个体贫困程度加深时其健康水平更易受挫。由此证明，在个体效应后，其健康与贫困之间依旧存在交互影响。健康与贫困交互影响的存在，进一步完善了不健康以及贫困在代际传递现象的证据。

表 7-22　　　　贫困对健康影响的固定效应回归结果

健康	回归系数	标准误	t 值	P 值	置信区间	置信区间	显著性
贫困	0.01	0.013	0.75	0.455	-0.016	0.036	*
教育	-0.001	0	-41.05	0	-0.001	-0.001	***
常数项	0.896	0.006	154.61	0	0.884	0.907	***

注：*** $P<0.01$，** $P<0.05$，* $P<0.1$。

本章小结

本章主要检验了健康与贫困在代内的交互影响以及这种影响在代际的传递情况。得出的结论是：首先，以45岁以上个体为主要观察对象的研究表明，代内健康—贫困效应、贫困—健康效应都是存在的。其次，从代际的全样本回归结果来看，健康和贫困都存在代际传递现象，且父辈不健康与子代贫困显著正相关，父辈贫困与子代健康呈现显著负相关，即代际健康—贫困与贫困—健康效应也是存在的。同时采用 Blanden 分解法将代际贫困弹性进行分解，测得健康作为中介因素在贫困代际传递中的贡献率为13.4%。最后为了降低模型变量间的内生性，补充健康与贫困交互影响的面板数据回归结果，证明在控制了个体固定效应后，健康与贫困之间依旧存在显著的交互影响。

第八章 内蒙古自治区居民家庭"健康差异—贫困差异"循环效应与代际传递的经验验证

第一节 研究假设提出

前文从 CHARLS 数据库中筛选出中国农村居民家庭的 14078 个样本，测算 A–F 多维贫困指数与 QWB 健康指数，分析农村居民健康与贫困状况，利用计量经济学方法估计二者之间的循环效应，进一步将这种循环效应从代内拓展到代际。通过研究发现个体健康与家庭贫困之间在很大程度上可能存在着交互影响的关系，个体不同的健康状况将会导致居民家庭呈现出不同的多维贫困水平，反过来说，居民家庭多维贫困程度的加深会对个体健康产生负面的影响。为了进一步验证研究结论，增强结论的可信度与可靠性，本章选择内蒙古地区做个案研究。内蒙古作为少数民族边疆地区有一些重点地方病，这些病是病区百姓致贫、返贫的主要原因。本章从健康与代际传递视角研究内蒙古地区贫困问题，将内蒙古居民家庭父子两代的健康与贫困交互关系作为研究对象，验证健康差异与贫困差异的相互影响及对子辈的代际传递效应。对内蒙古的个案研究同前，提出以下 6 条理论假设：

代内：

H1：个体较差的健康状况会显著增加居民家庭的多维贫困程度。即代内存在健康—贫困效应。

H2：居民家庭的多维贫困程度会显著降低个体的健康水平。即代内存在贫困—健康效应。

代际：

H3：父辈的健康状况对子代的健康状况存在显著的正向影响。即存在健康的代际传递现象。

H4：父辈的不健康状况对子代的相对贫困程度具有显著正向影响。即存在代际的健康—贫困效应。

H5：父辈的贫困程度会显著加深子代的贫困程度。即存在贫困的代际传递现象。

H6：父辈的多维贫困程度对子代的健康状况存在显著的负向影响。即存在代际的贫困—健康效应。

第二节　内蒙古自治区居民健康与贫困的现状

本章选用 2011 年、2013 年、2015 年与 2018 年的中国健康与养老追踪调查（China Health and Retirement Longitudinal Survey，CHARLS）数据库进行研究。

一、核心变量描述性统计分析

本章的研究对象为内蒙古居民，为使样本更符合条件，首先在 2011 年、2013 年、2015 年与 2018 年的所有数据集中，筛选出本章研究可能用到的变量，并根据个人 ID 进行横向合并；其次将合并后的四年的数据集分别根据个人 ID 前两位筛选出居住在内蒙古的受访者；最后将筛选出的变量进行重命名并根据个人 ID 进行纵向合并，最终选出 4250 个观测者。这些居民样本中，平均年龄为 59.82 岁，其中，男性占比为 47.12，男性占比低于女性占比 6 个百分点。受教育程度占比最高为高中毕业人群，高中毕业居民占比为 21.61%。在全部样本数据中，吸烟率为 8.47%，坚持运动在 10 分钟以上的居民超 91%，说明受访人群的健康意识较高（见表 8-1）。

表 8-1 父辈基本信息

变量	观测值	占比（%）	均值	标准差	最小值	最大值
家庭收入	976	100	17522	26447	1	420000
年龄	3971	100	59.82	10.8	19	105
年龄的对数	3971	100	4.075	0.177	2.944	4.654
性别	4250	100				
男	2004	47.12				
女	2246	52.88				
自评健康	2819	100	2.857	0.906	1	5
1 = 很好	266	9.44				
2 = 好	513	18.2				
3 = 一般	1475	52.32				
4 = 不好	486	17.35				
5 = 很不好	76	2.7				
最高受教育程度	3359	100	5.001	3.721	1	9
1 = 本科及以上	510	15.18				
2 = 专科学校	665	19.8				
3 = 职业学校	16	0.48				
4 = 高中毕业	726	21.61				
5 = 初中毕业	521	15.51				
6 = 小学毕业	227	6.76				
7 = 私塾毕业	47	1.4				
8 = 小学未毕业	9	0.27				

续表

变量	观测值	占比（%）	均值	标准差	最小值	最大值
9 = 无正规教育	638	19				
是否吸烟	1806	100	1.915	0.279	1	2
1 = 是	153	8.47				
2 = 否	1653	91.53				
是否运动	2749	100	0.9145	0.2801	0	1
0 = 否	236	8.58				
1 = 是	2513	91.42				

数据来源：CHARLS 数据库。

为方便分析子代发展情况，对于二孩以上家庭，只选择第一胎子女为代表样本。一般情况下，对于没有后代的家庭，子代样本数显示为 0，对于"不清楚""不方便告知"的情形，子代样本变量显示为"997""999"等，并通过 Stata 中 IF 命令进行筛选剔除。

在本章研究中，收入按后代及其配偶的共同收入计算，且内蒙古地区相对于中国其他地区较为落后，故后代中最高收入为 20000—30000 元，比较符合内蒙古地区现实状况。受父辈及教育政策的影响，后代受教育水平主要集中在高中毕业，且相对于父辈，高中毕业占比提高了 12%。受教育程度在高中以上的占比高达 63.02%。此外，后辈中在体制内工作的人数占比为 33.49%（见表 8-2）。

表 8-2　　　　　　　　　　子代基本信息

变量	观测值	占比（%）	均值	标准差	最小值	最大值
收入等级	1628	87.2	5.56	2.11	1	12
1 = 无任何收入	294	15.75				
2 = 低于 2000 元	54	2.89				
3 = 2000—5000 元	86	4.61				
4 = 5000—10000 元	133	7.12				
5 = 10000—20000 元	335	17.94				

续表

变量	观测值	占比（%）	均值	标准差	最小值	最大值
6 = 20000—30000 元	384	20.57				
7 = 30000—50000 元	181	9.69				
8 = 50000—100000 元	113	6.05				
9 = 100000—150000 元	28	1.5				
10 = 150000—200000 元	8	0.43				
11 = 200000—300000 元	10	0.54				
12 = 高于 300000 元	2	0.11				
受教育水平	1778	99.94	5.79	23.58	1	10
1 = 未受过正规教育	28	1.57				
2 = 小学未毕业	138	7.76				
3 = 小学毕业	1	0.06				
4 = 初中毕业	391	21.98				
5 = 高中毕业	600	33.73				
6 = 职业学校	237	13.32				
7 = 专科学校	154	8.66				
8 = 本科	129	7.25				
9 = 硕士	99	5.56				
10 = 博士	1	0.06				
工作类型	2502	100	0.335	0.472	0	1
0 = 非体制内	1664	66.51				
1 = 体制内	838	33.49				

数据来源：CHARLS 数据库。

二、健康与贫困的测度指标

（一）构建内蒙古居民家庭 A-F 多维贫困指数

在对同一代内健康对贫困的影响进行分析时，采用 A-F 多维贫困指数作为被解释变量，并借鉴 Alkire 和 Foster（2007，2011）提出的双阈值法（简称 A-F 法）对内蒙古居民家庭的多维贫困程度进行度量。A-F 方法一是对每个维度内的贫困指标设定贫困阈值；二是跨维度设定多维度贫困的阈值，在此基础上计算多维贫困指数。由于该方法扩展了社会福利和贫困的视角，所以从 2010 年开始被联合国开发计划署（UNDP）采用并每年发布"人类发展报告"。具体来说，双阈值法首先将贫困分为健康、教育、手工活水平三个权重相同的维度，然后在每个维度内设定贫困的阈值，阈值之上的状况视为贫困，赋值加总后可求得多维贫困指数。A-F 指数介于 0—1 之间，数值越大代表多维贫困程度越深。其中健康的指标有意外伤害和身体状态，都分别占 1/6；教育的指标有受教育年限和儿童入学，都分别占 1/6；生活水平的指标有做饭所用燃料、饮用水源、厕所类型、供暖、供电和住房建筑结构，都分别占 1/18（见表 8-3）。

表 8-3　　　　　　　　　　A-F 多维贫困指标

维度	指标	剥夺阈值	权重
健康	意外伤害 health_1	家庭成员是否遭受过交通事故或重大意外伤害，若有赋值为 1	1/6
	身体状态 health_2	家庭成员是否有躯体残疾或身体功能障碍，若有赋值为 1	1/6
教育	受教育年限 education_1	家庭中有 16 岁及以上成员未完成 6 年义务教育，赋值为 1	1/6
	儿童入学 education_2	家庭中有一名孩子未受过高中教育，赋值为 1	1/6
生活水平	做饭所用燃料 life_1	如果是秸秆、柴火，赋值为 1	1/18
	饮用水源 life_2	是否有自来水，若没有则赋值为 1	1/18
	厕所类型 life_3	厕所只有蹲式，则赋值为 1	1/18
	供暖 life_4	住房是否具备供暖设施（不包括土暖气和制暖空调），若不具备则赋值为 1	1/18
	供电 life_5	住房不供电，赋值为 1	1/18
	住房建筑结构 life_6	住房非钢筋混凝土或砖木结构，则赋值为 1	1/18

结果表明，4250个内蒙古居民家庭中2011年、2013年、2015年及2018年4年综合平均多维贫困程度为0.415。大体可见，2011—2018年内蒙古地区居民存在一定程度的多维贫困。2011—2013年内蒙古地区居民的多维贫困指数在0.6以上，贫困程度偏高。2015年以后，在实现共同富裕、全面建成小康社会的政策引领下，内蒙古地区居民贫困状况得到极大的改善，2015年以及2018年内蒙古地区多维贫困指数分别为0.2550和0.2218，贫困程度大幅下降，居民幸福感得到提升（见表8-4）。

表8-4　　2011年、2013年、2015年及2018年A-F多维贫困指标年度特征

样本	观测值	均值	标准差	最小值	最大值
总样本	4250	0.4150	0.2520	0	0.81
2011	981	0.6252	0.2247	0	0.78
2013	960	0.6204	0.1659	0	0.78
2015	1256	0.2550	0.1412	0	0.77
2018	1044	0.2218	0.1174	0	0.67

数据来源：CHARLS数据库。

需要注意的是，A-F多维贫困程度的测度受多方面因素影响。虽然数值越低表示贫困程度越低，但并不与该地区经济状况直接挂钩。2013年习近平总书记提出"精准扶贫"的思想，在2015年开始实施，内蒙古地处边疆，经济欠发达，有多处集中连片特困地区，是国家"精准扶贫"政策重点关注区域，在2015年内蒙古地区居民的多维贫困指数出现快速且大幅度下降，这与精准扶贫政策的实施有一定关系。

（二）内蒙古居民健康状况的度量

CHARLS调查问卷中有关于被调查对象健康与疾病的详细数据，足以满足QWB指数计算的需要。首先将代表样本健康状况的行为分为四个部分：行动能力、生理活动、社会活动及症状；其次根据每个维度中样本的健康表现设置不同等级并赋予相应权重；最后根据公式计算QWB指数。每个

维度中等级越高,权重的绝对值越大,也代表着个体越不健康(见表8-5)。QWB指标的计算公式为:

$$QWB = 1 + MOB + PAC + SAC + CPX$$

表8-5　　　　QWB健康指数的维度与权重设置

维度	变量描述	等级	权重
行动能力 (Mobility, MOB)	未受到限制	1	-0.000
	出行困难,需要帮助	2	-0.062
	因健康问题无法出行	3	-0.090
生理活动 (Physical Activity, PAC)	无限制	1	-0.000
	生理活动受到限制,如使用轮椅、拐杖等助行器,上下楼梯或弯腰困难	2	-0.060
	坐在轮椅上但无法运动或大部分时间卧床	3	-0.077
社会活动 (Social Activity, SAC)	未受到限制	1	-0.000
	社会活动受限,生活能够自理	2	-0.061
	生活也不能自理	3	-0.106
症状 (Symptom Complexes, CPX)	取药或饮食治疗	1	-0.144
	听力障碍、牙齿脱落并需要使用辅助仪器	2	-0.170
	头疼、晕眩、耳鸣、发烧、神经过敏或颤抖	3	-0.244
	咳嗽、哮喘、气短、伴有疼痛、阵发性压抑和尖叫	4	-0.257
	疲劳、虚弱、体重下降	5	-0.259
	胃病	6	-0.290
	腰、背、手足上下肢关节病	7	-0.299
	记忆、思考困难	8	-0.340
	意识丧失、中风或昏迷	9	-0.407

QWB指数介于0—1之间,越接近1表示越健康。QWB的倒数可以反映个体不健康程度,表8-6为内蒙古居民家庭QWB健康指数的基本特征。

表8-6　　　　QWB指数的基本特征

样本	观测值	均值	标准差	最小值	最大值
总样本	4250	0.8720	0.1285	0.472	1

续表

样本	观测值	均值	标准差	最小值	最大值
分年份					
2011	981	0.8703	0.1320	0.4	1
2013	960	0.9052	0.1200	0.54	1
2015	1265	0.8717	0.1281	0.5	1
2018	1044	0.8445	0.1251	0.5	1
分性别					
男性	2004	0.8734	0.1265	0.47	1
女性	2246	0.8710	0.1296	0.5	1
男性分年龄					
45 岁及以下	25	0.8721	0.1010	0.71	1
45—50 岁	223	0.8811	0.1237	0.641	1
50—55 岁	255	0.8717	0.1236	0.593	1
55—60 岁	279	0.8785	0.1301	0.545	1
60—65 岁	240	0.8628	0.1255	0.500	1
65—70 岁	196	0.8721	0.1227	0.482	1
70—75 岁	122	0.8927	0.1124	0.641	1
75 岁及以上	295	0.8598	0.1400	0.500	1
女性分年龄					
45 岁及以下	93	0.8584	0.1189	0.641	1
45—50 岁	292	0.8749	0.1254	0.641	1
50—55 岁	329	0.8746	0.1238	0.593	1
55—60 岁	267	0.8824	0.1296	0.593	1
60—65 岁	240	0.8815	0.1271	0.500	1
65—70 岁	180	0.8747	0.1313	0.567	1
70—75 岁	113	0.8516	0.1303	0.606	1
75 岁及以上	364	0.8593	0.1381	0.500	1

数据来源：CHARLS 数据库通过 Stata17.0 计算可得。

根据 CHARLS 数据库计算的内蒙古自治区 QWB 指数均值为 0.872。CHARLS 数据库以 45 岁以上的人群为调查主体，随着年龄的上升，个体健康水平的下降不可避免。内蒙古地区偏远且相较于发达城市居民的医疗卫

第八章 内蒙古自治区居民家庭"健康差异—贫困差异"循环效应与代际传递的经验验证

生、饮食条件等处于劣势地位，健康水平因此而异。此外，数据结果显示 50 岁以下，男性健康要高于女性；在 50 岁到 70 岁的区间，女性健康高于男性；在 75 岁左右，男性健康迎来峰值，而女性健康出现低谷，内蒙古居民中女性 50 岁至 70 岁间的健康程度更高（见图 8 - 1）。

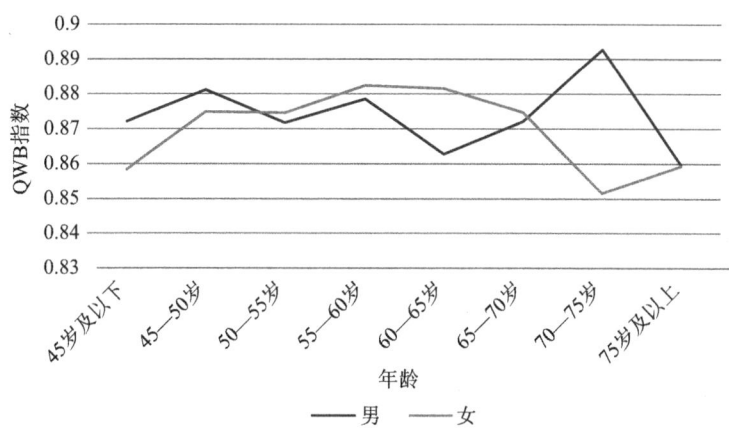

图 8 - 1　男性、女性分年龄健康趋势

（三）子代贫困状况

根据子代收入信息使用相对贫困指标衡量子代是否处于贫困状态。常见的相对贫困线的定义为人均可支配收入中位数的 60%（欧盟，2001）、50% 或 40%（世界银行，2017），本书使用收入中位数的 50% 作为子代收入的相对贫困线。由计算得知全体收入的中位数处于 30000—50000 元（等级 7）之间，则收入等级处于 5（10000—20000 元）及以下的人视为处于相对贫困。从表格数据结果来看，相近年份的子代的贫困率较接近，且随着内蒙古地区的经济发展，2015 年以及 2018 年收入高于等级 5 的比例出现巨大提升（见表 8 - 7）。

表 8 - 7　　　　　　　　子代相对贫困的特征

样本	观测值	均值	标准差	最小值	最大值
总样本	1867	0.3165	0.4651	0	1

续表

样本	观测值	均值	标准差	最小值	最大值
2011	420	0.3136	0.4640	0	1
2013	387	0.3113	0.4630	0	1
2015	463	0.8665	0.4624	0	1
2018	597	0.8772	0.4781	0	1

数据来源：CHARLS 数据库通过 Stata17.0 计算可得。

（四）内蒙古居民家庭子代健康状况

CHARLS 调查问卷中有专门针对被调查者子女信息的提问，但涉及子女健康状况的问题较少，因此此处采用自评健康结果来表示子代的健康水平。子代健康自评结果如表 8-8 所示。

表 8-8　　　　　　　　　子代自评健康的特征

样本	观测值	均值	标准差	最小值	最大值
总样本	1964	4.2205	0.9172	1	5
1 = 很好	16				
2 = 好	58				
3 = 一般	387				
4 = 不好	519				
5 = 很不好	984				

数据来源：CHARLS 数据库通过 Stata17.0 计算可得。

第三节　内蒙古自治区居民家庭"健康差异—贫困差异"循环效应与代际传递实证分析

本章实证研究均采用面板数据固定效应模型，通过豪斯曼检验说明固定效应优于随机效应模型与混合回归模型，且多次采用分组回归的方式对问题进行讨论。分组回归是指将总样本根据研究问题的需要分为不同的子样本，并分别进行回归，根据回归结果得出结论。因为不同组别之间置信区间很可能存在重叠，所以组间回归系数并不能无条件横向比较。因此使用基于似无相关模型 SUR（Seemingly Unrelated Regression）的检验来评估组间回归系数是否显著不同，由于旧版 Suest 命令不支持面板数据模型，因此通过使用 Stata 官方命令 Federico Belotti. 对源文件 suest.ado 进行更新后，可执行 suest 命令对模型中核心解释变量的 SUR 估计。同时采用个体固定效应来解决内生性问题。在代际回归模型中，为了减少损失样本容量，创建子代虚拟变量时默认缺失值为 0。

一、内蒙古居民家庭代内的健康—贫困效应

（一）构建代内健康—贫困效应回归模型

根据健康的收入效应理论，结合 CHARLS 数据库中内蒙古地区居民的面板数据，建立分组回归模型如下：

$$AF = \beta_{10} + \beta_{11}QWB + \beta_{12}x_1 + \varepsilon_1$$

其中，AF 为居民 A-F 多维贫困指数，QWB 为居民的 QWB 健康指数，x_1 为控制变量，具体包括教育缺失、年龄平方及性别，β_{10} 为常数项，β_{11}、β_{12} 为回归系数，ε_1 为随机扰动项。

根据研究需要本章将不同解释变量逐步进行回归，共分为三个模型，其中模型（1）为基准回归模型，模型（2）加入教育缺失控制变量，模型（3）是在模型（2）的基础上加入年龄平方及性别控制变量，回归结果如表 8-9 所示。然后再进行分年龄分组回归，将全样本分为 45 岁以下、45 到 60 岁及 60 岁以上，分别对每一组进行回归，结果见表 8-10。

（二）内蒙古居民家庭代内健康—贫困效应实证结果

根据回归结果（表 8-9），可以看出个体不健康状况对于其多维贫困程度具有显著正向效应，假设 H1 得证。另外，内蒙古居民教育缺失及年

表 8-9　健康—贫困效应回归结果

	(1)	(2)	(3)
		AF 多维贫困指数	
不健康	0.162***	0.184***	0.206***
	(5.38)	(7.24)	(8.02)
教育缺失		0.415***	0.391***
		(44.86)	(40.68)
年龄平方			0.0311***
			(12.45)
性别			0.0132**
			(2.22)
常数项	0.324***	0.227***	-0.322***
	(12.08)	(10.02)	(-6.49)
样本量	4250	4250	4250

注：* $P<0.1$，** $P<0.05$，*** $P<0.01$。

数据来源：Stata17.0 计算可得。

龄平方均对其多维贫困程度具有显著正向效应，即教育缺失与年龄增长均会加剧家庭多维贫困程度。

使用更准确的模型（3）对不同年龄段的样本与不同性别的样本进行分组回归，回归结果分别见表 8-10 与 8-11。由分年龄回归结果（表 8-10）可以看出：个体不健康状况仍然会加重居民多维贫困程度，尤其是年龄在 45 岁以上的居民。特别是 61 岁及以上的人群，他们的健康状况对多维贫困的影响程度是 45－60 岁人群的两倍。这表明，随着年龄的增长，健康受挫对于多维贫困加剧程度会逐渐增大。由于老年人收入来源有限，他们可能需要将大部分收入用于医疗支出，从而加剧其贫困状况。分性别回归结果（8-11）来看，男性不健康对于多维贫困的加剧程度大于女性，这可能是因为男性往往是家庭收入的主要来源，因此男性的健康状况更容易直接或间接地影响家庭的贫困程度。

表 8 – 10　　　　　　　　分年龄的代内健康—贫困效应

	45 岁以下	45—60 岁	61 岁及以上
		AF 多维贫困指数	
不健康	0.126	0.137***	0.279***
	(0.92)	(3.89)	(7.27)
教育缺失	0.558***	0.383***	0.395***
	(7.11)	(27.79)	(28.76)
年龄平方	0.00338	0.0342***	0.0425***
	(0.20)	(4.97)	(7.00)
性别	0.0732**	0.00952	0.0158*
	(2.17)	(1.19)	(1.68)
常数项	−0.0336	−0.301***	−0.603***
	(−0.12)	(−2.62)	(−5.18)
样本量	118	2699	1415

注：* P < 0.1，** P < 0.05，*** P < 0.01。

数据来源：Stata17.0 计算可得。

表 8 – 11　　　　　　　　分性别的代内健康—贫困效应

	男性	女性
	AF 多维贫困指数	
不健康	0.263***	0.178***
	(7.02)	(5.26)
教育缺失	0.374***	0.412***
	(24.94)	(32.11)
年龄平方	0.0341***	0.0306***
	(9.14)	(9.54)
性别	−0.420***	−0.276***
	(−5.87)	(−4.51)
样本量	2004	2246

注：* P < 0.1，** P < 0.05，*** P < 0.01。

数据来源：Stata17.0 计算可得。

二、内蒙古居民家庭代内贫困—健康效应

(一) 构建代内贫困—健康效应回归模型

根据收入假说理论,结合 CHARLS 数据库中的内蒙古居民的面板数据,建立分组回归模型如下:

$$QWB = \beta_{20} + \beta_{21}AF + \beta_{22}x_2 + \varepsilon_2$$

其中,QWB 为居民的 QWB 健康指数,AF 为居民 A-F 多维贫困指数,x_2 为控制变量,具体包括年龄对数、运动及最高学历,β_{20} 为常数项,β_{21}、β_{22} 为回归系数,ε_2 为随机扰动项。

根据研究需要将不同控制变量逐步进行回归,共分为三个模型,其中模型(1)为基准回归模型,模型(2)加入年龄对数控制变量,模型(3)是在模型(2)基础上加入运动及吸烟控制变量,模型结果如表 8-12 所示。继续分别对全样本、年龄分类子样本和性别分类子样本进行基准回归,结果如表 8-13 所示。

(二) 内蒙古居民家庭代内贫困—健康效应实证结果

表 8-12　内蒙古居民家庭代内贫困—健康效应回归结果

	(1)	(2)	(3)	(4)
	QWB 指数			
多维贫困	-0.0695***	-0.0912***	-0.188***	-0.188***
	(-8.41)	(-10.63)	(-14.38)	(-14.38)
年龄对数		-0.0829***	-0.0522**	-0.0518**
		(4.73)	(2.12)	(2.10)
运动			0.0290**	0.0288**
			(2.07)	(2.05)
吸烟				-0.0113
				(-0.65)
常数项	1.200***	0.873***	1.063***	1.065***
	(232.88)	(12.32)	(10.41)	(10.42)
样本量	4250	4250	2561	2561

注:* $P<0.1$,** $P<0.05$,*** $P<0.01$。

数据来源:Stata17 计算可得。

表 8-13　内蒙古居民家庭代内贫困—健康效应分年龄、性别回归结果

	45—60 岁	61 岁及以上	男性	女性
	QWB 指数			
多维贫困	-0.0609***	-0.0748***	-0.0887***	-0.0608***
	(-5.09)	(-6.21)	(-6.88)	(-5.48)
常数项	1.188***	1.215***	1.205***	1.201***
	(177.22)	(155.08)	(171.91)	(182.45)
样本量	2700	2596	2478	2950

注：* P<0.1，** P<0.05，*** P<0.01。

数据来源：Stata17.0 计算可得。

根据回归结果（见表 8-12），多维贫困程度的加深对个体健康水平具有显著负向影响。验证假设 H2。由加入控制变量的模型来看，多维贫困指数每增加 1 单位，个体的 QWB 健康指数减少 0.188，与全国总体样本相比，"贫困—健康"效应更大，说明与全国相比，内蒙古地区贫困状况对于居民健康的负面影响效应更大。这主要由于内蒙古自治区相对于全国在经济整体发展水平上较落后，因此要进一步注重健康教育资源的分配以及相关政策的实施。

根据内蒙古自治区的样本描述性统计分析可知，受访者的平均年龄为 60 岁，因此将样本分为 45—60 岁及 60 岁以上两组进行分组回归，以考察"贫困—健康"效应是否具有年龄异质性。另外将样本分为男性样本和女性样本进行分组回归，以探究"贫困—健康"效应的性别异质性。根据回归结果（表 8-13）可以看出，各子样本的多维贫困程度对健康状况具有显著负向效应，即"贫困——健康"效应仍然显著存在，进一步验证了假设 H2 成立。具体来看，61 岁及以上的这一负向效应比 45—60 岁样本的这一效应更大，这是由于随着年龄的增长，身体机能下降，慢性疾病的风险增加，贫困可能导致 61 岁及以上老年人无法获得足够的医疗资源、营养和照顾，从而加速健康恶化。另外，男性贫困程度加深对于健康的影响比女性更大，说明对于内蒙古自治区来说，男性贫困程度的减弱更能够改善其健康状况。

三、内蒙古居民家庭健康的代际传递效应验证

(一) 构建健康的代际传递回归模型

根据代际传递理论，结合 CHARLS 数据库中的内蒙古居民的面板数据，建立分组回归模型如下：

$$QWB_O = \beta_{30} + \beta_{31} QWB_P + \beta_{32} x_3 + \varepsilon_3$$

其中，QWB_O 为子代的健康指数，QWB_P 为父代的健康指数，x_3 为控制变量，具体包括子代工作类型及子代工资收入，β_{30} 为常数项，β_{31}、β_{32} 为回归系数，ε_3 为随机扰动项。

根据研究需要，首先进行全样本、父亲子样本和母亲子样本的基准回归，结果如表 8-14 所示。然后对全样本、小学及以下子样本和小学以上子样本进行分组回归，结果如表 8-15 所示。最后对全样本、本科及以上子样本和本科以下子样本进行分组回归，结果如表 8-16 所示。

表 8-14　　　　　　　　健康的代际传递现象

	全样本	父亲	母亲
		子代健康	
父代健康	0.175***	0.103	0.218**
	(2.70)	(1.08)	(2.26)
工作	0.210***	0.199***	0.227***
	(12.69)	(8.69)	(9.60)
工资收入	0.0418***	0.0411***	0.0349***
	(7.23)	(4.89)	(4.36)
常数项	0.512***	0.594***	0.470***
	(8.82)	(6.91)	(5.45)
样本量	2581	1160	1419

注：* $P < 0.1$，** $P < 0.05$，*** $P < 0.01$。

数据来源：Stata17.0 计算可得。

表 8 – 15　父辈不同受教育水平下健康代际传递的差别

	全样本	小学及以下	小学以上
		子代健康	
父辈健康	0.175***	0.204**	0.0632
	(2.70)	(2.43)	(0.61)
工作	0.210***	0.221***	0.175***
	(12.69)	(10.60)	(6.57)
工资收入	0.0418***	0.0332***	0.0864***
	(7.23)	(4.96)	(6.86)
常数项	0.512***	0.486***	0.583***
	(8.82)	(6.56)	(6.12)
样本量	2581	1787	794

注：* $P<0.1$，** $P<0.05$，*** $P<0.01$。

数据来源：Stata17.0 计算可得。

表 8 – 16　子代不同受教育水平下健康代际传递的区别

	全样本	本科及以上	本科以下
		子代健康	
父辈健康	0.175***	0.165***	0.299*
	(2.70)	(2.70)	(1.88)
工作	0.210***	0.157***	0.413***
	(12.69)	(9.78)	(10.18)
工资收入	0.0418***	0.0241***	0.0535***
	(7.23)	(4.40)	(3.73)
常数项	0.512***	0.639***	0.0497
	(8.82)	(11.71)	(0.35)
样本量	2581	2059	522

注：* $P<0.1$，** $P<0.05$，*** $P<0.01$。

数据来源：Stata17.0 计算可得。

（二）内蒙古居民家庭健康的代际传递实证结果

由基准回归结果（表 8 – 14）第一列可以看出，父辈健康对于子代健康具有显著正向效应,即存在健康的代际传递效应,假设 H3 得证。另外,根据文献综述及回归结果可以看出父辈的工作、工资收入及健康行为等都会对子代健康产生影响。另外,健康也会通过遗传因素、环境和社会因素、教育和知识水平等进行代际传递,因此,要提高父辈的健康意识和自我保健能力、改善父辈的生活环境和社会支持网络、加强代际沟通和交流、提高子女的教育和知识水平,从而促进健康的代际传递,提高下一代的健康水平。

对父亲和母亲的分组回归显示,母亲健康对子代具有显著的正向影响,而父亲则不显著,并且母亲健康对于子代健康的影响高于父亲健康的影响,达两倍之多。究其原因,母亲通常在子女的日常生活中扮演更为重要的角色,包括喂养、照顾、教育等,因此母亲的健康状况对于子女的成长和发展产生更重要且深远的影响。另外,母亲与子女之间的情感联系更紧密,这种紧密的情感联系可能使得母亲的健康状况对子女的心里健康产生更大的影响。

由前述数据描述统计部分可知,样本中父辈的平均受教育水平为小学毕业,而子代的平均受教育水平为专科以上,通过分组回归分别观察父辈和子代受教育水处于平均值上下的家庭,其健康代际传递的程度是否存在不同。根据父辈不同受教育水平下健康代际传递效应的回归结果(表 8-15)可以看出,父辈受教育水平在小学以下时,健康的代际传递效应仍然显著且大于全样本回归的这一效应,而父辈受教育水平在小学以上时这一效应不再显著。这说明在较低的受教育水平下,父辈的健康习惯、生活方式和可能的健康知识对子女的影响更大。受教育程度较低时,父母可能没有足够的知识或资源来确保自己和子女的健康,因此他们的行为和习惯可能对子女的健康产生更直接的影响。然而当父母受教育水平提高到平均水平之上时,他们可能获得了更多的健康知识和资源,这使他们能够更好地照顾自己和子女的健康。因此他们的行为和习惯可能对子女的影响不再那么显著,因为子女可能从其他来源(如学校、媒体、社交圈等)获得更多的健康信息。由子代不同受教育水平的回归结果(表 8-16)可知,健康的代际传递效应随着子代受教育程度地增加而减弱。首先，随着子女受教育程度的增加，他们获得了更多的知识和技能，能够更好地理解和实践健康的生活方式，从而更好地关注自己的健康。这些知识和技能不仅来自学校教育，还包括自我学习、社交圈等因素。因此，子女受教育程度的提高可以增强他们的自我保健能力和健康素养，减少对父母健康习惯的依赖，从而减弱健康的代际传递效应。其次，随着子女受教育程度的增加，他们更有可能获得更好的工作和更高的收入，从而拥有更好的生活条件和更多的健康资源。这些资源包括更好的医疗设施、更健康的食品、更多的休闲时间等。这些资源的改善可以提高子女的健康水平，减少对父母健康的依赖，从而减弱健康的代际传递效应。最后，随着社会的发展和进步，健康知识和健康资源越来越容易获取，人们对健康的认识和重视程度也在不断提高。因此，子女受教育程度的提高不仅可以增强他们的自我保健能力和健康素养，还可以使他们更容易接触到健康知识和健康资源，从而更好地照顾自己的健康。

综上所述，父辈健康对于子代健康存在显著正向效应，即健康的代际传递效应显著存在。并且这种代际传递效应显示出母亲高于父亲的特点。另外，无论是父辈还是子代随着受教育程度的增加这种代际传递效应减弱，因此，受教育程度的提高能在一定程度上打破健康的代际传递现象。

四、内蒙古居民家庭代际健康—贫困效应验证

（一）构建代际健康—贫困效应回归模型

根据代际传递理论，结合 CHARLS 数据库中的内蒙古居民的面板数据，建立分组回归模型如下：

$$AF_O = \beta_{40} + \beta_{41} QWB_P + \beta_{42} x_4 + \varepsilon_4$$

其中，AF_O 为子代的 A-F 多维贫困指数，QWB_P 为父代的健康指数，x_4 为控制变量，具体包括房产、教育、工作，β_{40} 为常数项，β_{41}、β_{42} 为回

归系数，ε_4 为随机扰动项。

（二）内蒙古居民家庭代际健康—贫困效应实证结果

在进行代际健康—贫困效应回归分析时，将子代相对贫困作为被解释变量，而核心解释变量选用父辈 QWB 健康指数的倒数，衡量父辈不健康程度，选择的控制变量包括房产、教育及工作。

由代际健康—贫困效应回归结果（表 8 - 17）的第一列可以看出，父辈的不健康状况对于子代的相对贫困程度具有显著正向作用，假设 H4 得证。父亲、母亲的分组回归差别显著，母亲的不健康对子代贫困的影响显著，而父亲不显著。这与健康代际传递效应的结果一致，无论是对子代健康还是子代贫困来说，母亲健康的影响都强于父亲。

表 8 - 17　　　　　　　　代际健康—贫困效应

	全样本	父亲	母亲
		子代贫困	
父辈不健康	0.0218*	0.276*	-0.209
	(0.21)	(1.79)	(-1.54)
房产	0.0526*	0.0735*	0.0276
	(1.87)	(1.74)	(0.74)
教育	-0.0230***	-0.0229**	-0.0215**
	(-3.06)	(-2.10)	(-2.18)
工作	0.0600*	0.0497	0.0643
	(1.84)	(1.03)	(1.45)
常数项	0.300***	0.0740	0.496***
	(3.03)	(0.50)	(3.87)
样本量	1164	538	625

注：* $P < 0.1$，** $P < 0.05$，*** $P < 0.01$。

数据来源：Stata17.0 计算可得。

下面分析内蒙古居民家庭代际健康—贫困效应是否具有受教育程度异质性。表 8 - 18 为父辈不同受教育程度的代际健康—贫困效应分组回归结果。父辈受教育水平在小学以下的家庭中,父辈不健康会显著导致子代贫困,且影响程度高于全样本的均值。而父辈受教育水平在小学以上时,代际健康—贫困效应则不再显著。这是由于当父辈受教育水平较低,甚至在小学以下时,他们可能面临就业机会和收入较为有限的挑战。同时,缺乏良好的教育可能会影响他们对健康的认识和管理,导致健康状况下降,进而加重了家庭的贫困问题。然而,当父辈受教育水平提高到小学以上时,他们可能更有能力获得更好的工作机会和收入,从而降低了家庭贫困的风险。此外,受过教育的父辈可能更容易获得健康知识和资源,有更好的健康管理和预防意识,从而降低了健康问题对家庭经济的负面影响。

表 8-18 父辈不同教育水平下代际健康—贫困效应的差别

	全样本	小学及以上 子代贫困	小学以下
父辈不健康	0.0218*	-0.0979	0.145*
	(0.21)	(-0.67)	(1.02)
房产	0.0526*	0.0465	0.0448
	(1.87)	(1.20)	(1.12)
教育	-0.0230***	-0.0207**	-0.0242**
	(-3.06)	(-2.05)	(-2.27)
工作	0.0600*	0.0988**	0.0207
	(1.84)	(2.11)	(0.46)
常数项	0.300***	0.370***	0.228*
	(3.03)	(2.58)	(1.71)
样本量	1164	528	636

注:* $P<0.1$,** $P<0.05$,*** $P<0.01$。

数据来源:Stata17.0 计算可得。

表 8-19 为子代不同受教育水平下的分组回归结果,可以看出,子代受教育程度在本科及以下时,代际健康—贫困效应显著存在,而子代受教育程度为本科以上时这一效应不再显著。这表明随着子代受教育程度的提高,父代不健康对于子代的影响减弱。当子代受教育程度达到本科以上时,他们可能获得了更高层次的知识和技能,这有助于他们在就业市场上获得更好的机会和更高的收入。这种经济上的改善可能有助于缓解贫困状况,使得代际健康—贫困效应不再显著。

表 8-19　子代不同受教育水平下代际健康—贫困效应的差别

	全样本	本科及以下	本科以上
		子代贫困	
父辈不健康	0.0218*	0.00839*	0.268
	(0.21)	(0.08)	(0.67)
房产	0.0526*	0.0539*	0.0373
	(1.87)	(1.84)	(0.36)
教育	-0.0230***	-0.0271***	-0.184
	(-3.06)	(-2.98)	(-0.44)
工作	0.0600*	0.0708**	-0.0650
	(1.84)	(2.07)	(-0.60)
常数项	0.300***	0.328***	1.612
	(3.03)	(3.13)	(0.43)
样本量	1164	1092	72

注：* $P<0.1$，** $P<0.05$，*** $P<0.01$。

数据来源：Stata17.0 计算可得。

总体来看，父辈不健康会加深子代的相对贫困程度，且这一效应对于母亲而言更是如此。从上述教育异质性分析来看，不论父辈还是子代的受教育程度的增加都会减弱这一效应，进一步验证了教育在打破代际传递效应中具有重要作用。

五、内蒙古居民家庭贫困的代际传递验证

（一）构建贫困的代际传递回归模型

根据代际传递理论，结合 CHARLS 数据库中的内蒙古居民的面板数据，建立分组回归模型如下：

$$AF_O = \beta_{50} + \beta_{51}AF_P + \beta_{52}x_5 + \varepsilon_5$$

其中，AF_O 为子代的 A-F 多维贫困指数，AF_P 为父代的 A-F 多维贫困指数，x_5 为控制变量，具体包括子代工作、受教育程度与子代工资收入，β_{50} 为常数项，β_{51}、β_{52} 为回归系数，ε_5 为随机扰动项。

(二) 内蒙古居民家庭贫困的代际传递实证结果

表8-20为贫困的代际传递回归结果,其第一列显示父代贫困对于子代贫困具有显著正向效应,即内蒙古居民家庭存在显著的贫困代际传递现象,假设H5得证。具体来看,父亲子样本的贫困代际传递效应显著存在,且大于全样本,而母亲子样本则不显著。这说明对于内蒙古居民而言,父亲的经济状况和社会地位对子女的未来经济状况有更大的影响。这可能是因为父亲通常在家庭中扮演更重要的经济角色,或者社会对父亲的经济贡献有更高的期望。然而,母亲通常通过其他方式(如教育、照顾孩子等)对子女的未来产生影响,而这些影响可能不容易通过贫困代际传递的量化指标来衡量。这些期望和角色可能导致了父亲和母亲对子女贫困风险的不同影响。因此,要有效地解决贫困代际传递问题,需要综合考虑各种因素,并采取综合性的措施。

表8-20 贫困的代际传递

	全样本	父亲	母亲
		子代贫困	
父代贫困	0.107**	0.177**	0.0473
	(2.16)	(2.34)	(0.72)
工作	-0.0395	-0.0513	-0.0280
	(-1.52)	(-1.36)	(-0.79)
受教育水平	-0.120***	-0.0316	-0.193***
	(-3.70)	(-0.62)	(-4.62)
子代收入	-0.0466***	-0.0443***	-0.0511***
	(-6.16)	(-3.81)	(-5.11)
常数项	0.552***	0.370***	0.705***
	(8.06)	(3.50)	(7.94)
样本量	1415	652	761

注:* $P<0.1$,** $P<0.05$,*** $P<0.01$。

数据来源:Stata17.0计算可得。

为探究教育在贫困代际传递中的阻断作用，继续将父代和子代分别按照受教育水平进行分组回归，回归结果见表8-21和表8-22。

表8-21为父辈不同受教育水平的分组回归结果，在对总样本进行分组之后，不同组别内部父辈贫困对子代贫困的影响依旧显著。当父辈受教育水平在小学及以下时，父辈贫困每增加1单位，子代贫困会增加0.183个单位，而父辈受教育水平在小学以上时，父辈贫困对于子代贫困的影响并不显著。

表8-21　父辈不同受教育水平下贫困代际传递的区别

	全样本	小学及以下	小学以上
		子代贫困	
父辈贫困	0.107**	0.183***	-0.0437
	(2.16)	(2.87)	(-0.55)
工作	-0.0395	-0.0739**	0.0226
	(-1.52)	(-2.09)	(0.60)
受教育水平	-0.120***	-0.0943**	-0.150***
	(-3.70)	(-2.21)	(-3.10)
子代收入	-0.0466***	-0.0442***	-0.0846***
	(-6.16)	(-5.01)	(-5.10)
常数项	0.552***	0.523***	0.649***
	(8.06)	(5.90)	(6.22)
样本量	1415	813	602

注：* P<0.1，** P<0.05，*** P<0.01。

数据来源：Stata17.0计算可得。

表8-22为子代不同受教育水平的分组回归结果，在对总样本进行分组之后，不同组别内部父辈贫困对子代贫困的影响依旧显著。当子代受教育水平在本科及以下时，父辈贫困每增加1单位，子代贫困会增加0.127个单位，而当子代受教育水平在本科以上时，父辈贫困每增加1单位，子代贫困会增加0.283个单位。贫困代际传递现象并不会因为子代受教育水平的提高而有所降低。

表 8 – 22　　　　子代不同受教育水平下贫困代际传递的区别

	全样本	本科及以下	本科以上
		子代贫困	
父代贫困	0.107**	0.127**	0.283**
	(2.16)	(2.28)	(2.06)
工作	-0.0395	-0.0210	-0.00798
	(-1.52)	(-0.72)	(-0.15)
受教育水平	-0.120***	-0.119***	-0.144**
	(-3.70)	(-3.24)	(-2.16)
子代收入	-0.0466***	-0.114***	-0.0269***
	(-6.16)	(-7.82)	(-2.86)
常数项	0.552***	0.623***	0.516***
	(8.06)	(8.01)	(3.77)
样本量	1415	1128	287

注：* P<0.1，** P<0.05，*** P<0.01。

数据来源：Stata17.0 计算可得。

六、内蒙古居民家庭代际贫困—健康效应验证

（一）构建代际贫困—健康效应回归模型

根据代际传递理论，结合 CHARLS 数据库中的内蒙古居民的面板数据，建立分组回归模型如下：

$$QWB_O = \beta_{60} + \beta_{61}AF_P + \beta_{62}x_5 + \varepsilon_6$$

其中，QWB_O 为子代的 QWB 健康指数，AF_P 为父代的 A – F 多维贫困指数，x_6 为控制变量，具体包括子代工作、受教育程度与子代工资收入，β_{60} 为常数项，β_{61}、β_{62} 为回归系数，ε_6 为随机扰动项。

（二）内蒙古居民家庭代际贫困—健康效应实证结果

由回归结果可以看出，父辈贫困对于子代健康具有显著的负向影响，假设 H6 成立。根据表 8 – 23 第一列可以看出，父辈贫困每增加 1 单位，子代健康便降低 0.065 个单位，在分父亲母亲子样本进行分组回归之后，

可以看出母亲贫困更能够影响子代健康，究其原因可能是母亲对于子女的健康投入比例可能高于父亲，因此，母亲的贫困对于子代健康的影响大于父亲贫困的影响。此外，工作、教育控制变量对于子代健康具有显著的正向影响，因此，教育不失为一种阻断贫困—健康效应的有效机制。

表 8-23　　　　　　　　　　代际贫困—健康效应

	全样本	父亲	母亲
		子代健康	
父辈贫困	-0.0654***	-0.0154	-0.0960***
	(-2.65)	(-0.43)	(-3.00)
工作	0.102***	0.0746***	0.0937***
	(6.13)	(3.50)	(4.07)
教育	0.00801	0.0105	0.0126*
	(1.61)	(1.63)	(1.83)
常数项	0.842***	0.822***	0.833***
	(25.89)	(19.17)	(18.95)
样本量	1978	901	1074

注：* $P<0.1$，** $P<0.05$，*** $P<0.01$。

数据来源：Stata17.0 计算可得。

表 8-24 为不同受教育水平下代际贫困—健康效应的分组回归结果，可以看出，不同组别的代际贫困—健康效应仍然显著存在。这说明提高父代的受教育水平不仅有助于改善家庭的经济状况，减少贫困代际传递的风险，还有助于提高父代在保障子女健康方面的能力，减少贫困对子女健康的负面影响。

表 8-24　　　不同父辈受教育水平下代际贫困—健康效应的区别

	全样本	小学及以下	小学以上
		子代健康	
父辈贫困	-0.0654***	-0.0650*	-0.0959***
	(-2.65)	(-1.86)	(-2.64)
工作	0.102***	0.0976***	0.107***
	(6.13)	(4.21)	(4.84)

续表

	全样本	小学及以下	小学以上
		子代健康	
教育	0.00801	0.0163**	0.00353
	(1.61)	(2.38)	(0.55)
常数项	0.842***	0.785***	0.884***
	(25.89)	(17.16)	(20.98)
样本量	1978	861	1117

注：* $P<0.1$，** $P<0.05$，*** $P<0.01$。

数据来源：Stata17.0 计算可得。

在进行按照子代受教育水平分组回归时，满足条件的本科以上的有效样本仅为154个，无法进行回归分析，因此只分析全样本与本科及以下的子样本进行回归，回归结果表明，子代受教育程度在本科及以下的父辈贫困对于子代健康的影响高于全样本的结果，这说明受教育程度越低父辈贫困对于子代健康造成的影响更为明显（见表 8-25）。

表 8-25　不同子代受教育水平下代际贫困—健康效应的区别

	全样本	本科及以下
	子代健康	
父辈贫困	-0.0654***	-0.0684***
	(-2.65)	(-2.63)
工作	0.102***	0.109***
	(6.13)	(6.18)
教育	0.00801	0.00707
	(1.61)	(1.18)
常数项	0.842***	0.845***
	(25.89)	(23.12)
样本量	1978	1854

注：* $P<0.1$，** $P<0.05$，*** $P<0.01$。

数据来源：Stata17.0 计算可得。

第四节　内生性处理与研究结论的稳健性

内生性是指模型中的一个或多个解释变量与随机扰动项相关导致的参数估计一致性受损。导致内生性的原因一是遗漏变量且与模型中的其他变量相关，二是解释变量与被解释变量相互影响互为因果。首先，无论是健康还是贫困，其影响因素都是复杂多样的，因此实证模型中的遗漏变量问题不可避免。其次，本书研究健康与贫困相互影响本身就是一个内生性的问题，无论是基于经验还是理论，我们都有理由相信个体健康与贫困之间存在一定程度上的互为因果。因此，为避免内生性对于模型的估计结果带来较大偏差，本书使用面板数据模型进行实证研究，会在一定程度上降低内生性带来的影响。

本章的六个实证模型都通过豪斯曼检验，确定固定效应模型优于随机效应，并且采用逐步回归的方法对模型中的解释变量逐个加入进行逐步回归，这在方法上确定了模型的稳健性。同时，在数据上采用了CHARLS数据库中现有的四年的数据经过筛选匹配整理成面板数据，通过固定效应模型进行面板数据回归分析得出结论，另外采用混合回归方法对每年的截面数据进行回归得出结论，比较二者回归结果，发现二者差别不大，因此，在数据上也检验了模型的稳健性。总而言之，本部分模型的稳健性较好，回归结果基本可靠，受限于CHALRS数据库目前只有2011年、2013年、2015年及2018年的数据，无法通过对数据进行替换检验是否能得出相同结论，但通过方法的选择与变量的选取尽可能保证了在误差允许范围内模型的稳健性。

本章小结

本章以内蒙古居民家庭父子两代的健康与贫困循环关系作为研究对象，基于 CHARLS 数据库中的 4250 个样本的截面数据，构造了 A-F 多维贫困指数与 QWB 健康指数，使用面板数据固定效应模型进行了回归分析，验证了个体健康及贫困之间的交互作用，同时利用这些样本的子代自评健康和收入信息，证实了健康及贫困在代际间的传递效应。研究结果表明：在同一代内，个体的不健康与贫困存在着双向加深的恶性循环；在代际传递方面，父辈与子代之间呈现出"健康—健康"、"贫困—贫困"、"健康—贫困"及"贫困—健康"的代际传递特点，其中，母亲健康影响子代健康强于父亲，父亲贫困对于子代贫困的影响强于母亲，且父母亲不同的受教育程度对于这种代际传递呈现出不同的影响；另外，无论是父辈还是子代，教育作为健康之外的另一项重要人力资本，对阻断贫困的代际传递具有重要意义。

第九章 结论、政策建议与研究展望

根据前文论述，首先我们要明白导致健康不平等的因素包括收入不平等、教育不平等、信息不平等以及人口老龄化严重。其中，收入不平等是主导要素，为推动健康中国目标的实现，提高全体人民的幸福感，解决健康不平等导致贫困差异以及代际贫困问题是贫困治理政策的题中应有之义。

第一节 研究结论

首先对2018年CHARLS数据库的样本特征进行统计分析，共有14078个受访者符合条件，父代的平均年龄为62岁，最高受教育水平平均值为小学毕业，大多数农村居民仍从事农业劳动，子代的收入水平均值为20000—30000元，最高受教育水平平均值为高中毕业，从事商务与服务的人员最多。其次根据不同类别分组计算A－F多维贫困指数，按地区分组发现父代样本中东部地区的贫困程度均值明显低于中、西部地区，中、西部地区的贫困程度均值则较为接近，子代样本中相对贫困率的均值也非常接近，且呈现东部最高、中部次之、西部最低的分布情况，这与父辈的贫困及健康分布不尽相同。最后是通过QWB指数对健康进行度量，进行分地区统计可以发现西部地区人口最健康，东、西部地区与三者之间居民健康水平的差距并不十分明显，分省统计显示西部的贵州，中部的湖南、湖北、河南以及东部的福建居民健康状况相对较差，健康状况较好的省份是黑龙江、山东、贵州、河南，较差的则有重庆、广西、北京和上海。男性的 QWB 指标在所有年龄段都高于女性。但无论男性还是女性，健康状况都随着年龄的增加基本呈现下降趋势。统计分析的结果为实证分析提供了数据基础，同时也反映了中国农村居民的基本情况。

本书研究基于 CHARLS 数据中的 14078 个样本，构造了 A–F 多维贫困指数与 QWB 健康指数，使用普通最小二乘法对模型进行了回归分析，验证了个体健康及贫困之间的交互作用，同时借用这些样本的子代自评健康和收入信息，证实了健康及贫困在代际传递效果。分析健康与贫困交互影响及其代际传递的特征后，得出的主要结论如下：一是代内健康—贫困效应中，女性健康的经济收益显著高于男性 1.3 个百分点；二是代内贫困—健康效应仅发生在 45—61 岁的中老年群体内，年龄过高或过低通过降低贫困提升健康的作用不再显著；三是父辈健康状况的改善有着良好的代际溢出效果，无论是对子代健康还是子代贫困，来自母亲的影响都强于父亲，这与健康在代内对贫困影响的两性差异表现一致；四是在代际贫困—健康传递效应中，东部地区的传递水平高于总体水平六成以上，证明东部地区贫困家庭出身的子代健康更易受挫，因此东部地区医疗资源分配不公问题更应该受到重视；五是无论是父辈还是子代，教育作为健康之外的另一项重要人力资本，对阻断贫困的代际传递具有重要意义（见表 9–1）。

表 9–1　　　　　　　　代内、代际的回归结果汇总

代内			
健康—贫困效应		贫困—健康效应	
全样本	健康—贫困效应存在	全样本	贫困—健康效应存在
分地区	东部地区略明显于西部地区，中部地区不明显	分年龄	45—61 岁人群最明显，61 岁以上群体不再显著
性别虚拟变量	男性健康的收益远低于女性	分性别	女性显著且略高于总体，男性不再显著

续表

代际			
健康代际传递效应		代际健康—贫困效应	
全样本	存在健康代际传递	全样本	存在代际健康—贫困效应
分父母	母亲的影响大于父亲	分父母	母亲的影响远高于均值，父亲则不显著
分居住方式	子代与父母共同居住的影响远高于非共同居住	分父辈不同受教育水平	小学及以下显著且高于总体，小学以上不显著
分父辈不同受教育水平	小学及以下影响更明显	分子代不同受教育水平	本科及以上显著且高于总体，本科以下不显著
分子代不同受教育水平	本科以下显著且略高于总体，本科及以上不显著		
贫困代际传递效应		代际贫困—健康效应	
全样本	存在贫困代际传递	全样本	存在代际贫困—健康效应
分父母	父亲的影响远高于母亲	分地区	东部地区显著且高于总体，西部地区显著且低于总体，中部地区不显著
分地区	东部地区的影响最高且高于总体，中部地区次之，西部地区最弱	分父辈不同受教育水平	小学及以下影响更明显
分父辈不同受教育水平	小学及以下远高于小学以上，小学以上不显著	分子代不同受教育水平	本科及以上更明显
分子代不同受教育水平	本科以下显著且略低于总体，本科及以上不显著	分居住方式	两代人共同居住且经济不独立的影响最大，随着经济独立或分开居住影响相应降低

在证明了健康与贫困之间存在交互影响和代际传递现象之后，本书还通过 Blanden 分解法估计了健康在贫困代际传递中的具体贡献。计算结果显示，健康因素在贫困代际传递中的贡献度高达 13.4%，其他因素的贡献率为 86.6%，可见健康人力资本对贫困代际传递的重要影响。

第二节 政策建议

一、优化医疗体系缩小健康差距

(一) 优化医疗体系与医疗机构

优良完备的医疗体系是解决健康问题的根本，我国医疗保障制度体系由城乡居民基本医疗保险、大病保险和医疗救助三大部分组成三重保障，为医疗保障扶贫工作的开展提供了多层次的制度保障。中国医疗扶贫专项政策实施30余年来，我国医疗体系发展迅速，尤其为贫困人口解决了许多健康问题，为他们的生命提供了基本保障。据统计，截至2020年年底，我国已经实现全国96%的人口参加基本医疗保险，其中，在国家财政支持下，贫困人口的参保率更是实现百分之百。显然，我国对医疗体系帮助解决健康不平等这一方面竭尽全力，但是对于人口规模巨大的中国具体国情而言，要实现真正的健康平等仍需要付出巨大的财力和物力。

1. 建立长期有效的医疗体系

现有医疗体系不能实现长效性的原因主要体现在为支付贫困群体的医疗费用给我国财政造成巨大压力。在打赢脱贫攻坚战的今天，将适用给贫困人口的医疗保障机制同步应用给非贫困人口，在我国实现共同富裕的道路上造成了"悬崖效应"，甚至引发"道德风险"问题。对此，我国为实现长期有效的健康扶贫医疗体系，同时为减轻我国财政负担，首先要将医保受补贴对象细分，针对不同状况的人群进行差额补贴，对完全丧失劳动力人群、婴幼儿人群、无人赡养的老年群体，为这类人群提供高比例的医疗补贴。针对具有劳动能力但收入较低的群体以及一般群体进行部分或少量补贴。

2. 针对性识别定位重病群体

"因病致贫"是造成我国农村居民贫困差异的一个重要原因，尤其是在一个家庭中有重大疾病患者时，由于重大疾病具有长期性、反复性以及不易痊愈的特点。家庭中的大部分收入用于疾病的治疗，导致家庭贫困，造成抚育下一代困难，形成代际传递现象。目前，我国针对这一现象，有大病医疗保险政策，这也为患有重大疾病家庭带来了希望，改善了这类家庭的经济状况。但是，对于这类状况，大病医疗保险缺乏精准性，应做好患病人员的身份情况备案，确保当事人得到相应的补助和医疗救助。从根本上阻断贫困—疾病—贫困的恶性循环链条，为实现共同富裕这一伟大目标做出基本保证。

3. 提升医疗机构服务供给

相比于城镇医疗机构，农村的医疗卫生机构存在基础设施短缺、资金缺口大、医护人才短缺以及医护能力有限等问题。然而，与城镇健康水平相比，农村健康水平更低，但城镇人口却享受着更好的医疗服务水平，因此农村反复出现疾病导致贫困的现象，并且农村人承受着更大的劳动强度，容易因为劳动强度大产生各类疾病，但却无法及时得到相应的医疗救治，导致农村发展水平低下，创收能力弱。对此，应提升乡镇医疗服务供给，首先要加强对乡村卫生室的财政资金投入，落实当地政府主体责任。应通过多种渠道筹集资金，用于乡镇卫生室的基本设施的购买，加大对农村基层医疗卫生机构基础设施的投入。其次，乡镇卫生院要充分合理地利用国家财政部门给予的补贴及相关政策，升级乡镇卫生室现有设备，对医护人员进行定期培训，提升医护人员能力。

（二）提升疾病预防部门服务体系

疾病预防的重要性远大于疾病的治疗，为疾病预防投资是用小成本获取大收益的事情。但是，我国目前对于疾病预防的意识强度不够，大多数人不愿意花钱进行定期体检，甚至有些农村思想落后的老人抱有"不检查就没有疾病"的错误思想。这不但耽误了治疗的最佳时期，影响了健康状态，而且，对于这类人群，一旦疾病拖到中后期暴发，就需要大量资金维持生命体征平稳，导致家庭出现资金缺口。为治疗疾病，家里人不得不向亲朋好友借债或者向银行贷款，后期又需要子代工作赚取劳动收入进行偿还，影响子女后代的资本积累和发展，造成贫困由父辈向子辈转移。

1. 为建档立卡贫困人口每年定期提供一次免费体检活动。关注农村建档立卡的贫困户的身体状况是精准扶贫政策的内容之一，也是防止脱贫农户再返贫的重要举措。政府部门要求上级乡镇医院每年定期组织医护人员下乡为村民进行简单体检，对一些易发现疾病进行预防。

2. 脑溢血、高血压，糖尿病等长期慢性疾病是农村居民高发性疾病，这类疾病除了具有治疗周期长、用药昂贵等特点，还经常性伴随其他疾病共同发生。国家卫生管理部门2018年提出建立基层高血压和糖尿病医防融合试点工作，委托中华预防医学会编写了《国家基层高血压防治管理指南》和《国家基层糖尿病防治管理指南》，统一了人员考核、质量评价、监测评估和宣教内容。村卫生室工作人员应充分学习这两个指南并有效运用到村民疾病防护上，与此同时，工作人员也要积极向村民宣传防护知识，预防疾病的发生，以免为家庭造成负担，导致家庭贫困。

二、提高农村居民健康意识

在农村居住的村民大多学历水平较低，生活习惯也不健康。据调查，农村人口摄入油盐的比例比城镇人口要高很多，为心血管疾病产生埋下了巨大风险。并且农村居住的人口以老人居多，疾病防治思想比较落后，经常对一些小的疼痛不以为然，殊不知小疼痛可能隐藏重大疾病。这类人群很少关注自身的健康管理，也不具备疾病预防知识，健康意识很薄弱。因此要通过一些可靠且有效的途径宣传健康管理知识，提高农村居民健康防护意识。

（一）利用网络短视频 APP 进行健康管理知识宣传

可以利用居民闲暇时喜欢刷抖音、快手等 APP 的特点，建立公众号并且教村民如何观看健康管理的知识账号，来帮助提升居民健康意识，为居民进行健康管理和疾病预防提供指导。对于公众号和知识账号的宣传工作，可以交给寒暑假回乡的大学生来完成，可以为其出具志愿者工作证明。

（二）相关部门派人员进行居家走访宣传

针对不具备智能设备和不会使用现代移动智能手机的老人及留守儿童，可以通过派遣乡卫生室的工作人员进行入户走访。在询问其身体健康状况的同时，将疾病预防知识以及健康管理知识对其进行普及。这就要求乡镇卫生室的工作人员具备健康管理知识及预防急性疾病发生和治疗的相关知识。对此，要定期地聘请业界相关人士为贫困地区的医疗工作人员进行培训，提升乡镇医护人员的专业素养，能做到对病人及时有效的诊治。

三、缩小城乡和地区之间医疗差距

城镇与农村之间，贫困地区与非贫困地区之间，造成居民健康不平等的主要原因就是城乡和地区之间医疗差距过大。在城镇和非贫困地区，有更多的资金和资源去投资发展医疗事业，为百姓的健康提供保障。此外，在城镇和非贫困地区，人们的物质条件得到基本保障以后，人们会更加注重健康的保养，有更深刻的医疗健康意识。城镇和农村，贫困地区与非贫困地区居民之间对健康意识的觉醒也是医疗差距大的体现。城镇与农村之间，贫困地区与非贫困地区之间的医疗差距更体现在医疗设备差距、医疗服务供给差距、医护人员业务水平差距以及二者之间人均医疗费用的差距。为贯彻"共同健康"理念，缩小城乡之间以及贫困地区和非贫困地区之间医疗差异，应通过以下方式提升乡村地区和贫困地区的医疗设备和医护人员水平等。

（一）增加财政投资，升级乡镇和贫困地区的医疗设备

贫困地区由于资金不足，资源匮乏，医疗设备落后且陈旧。这对当地居民的健康生活和发展是没有保障的，更容易由此造成城镇和乡村之间，贫困地区和非贫困地区之间居民的健康不平等。在乡村和贫困地区，由于医疗设备落后导致居民健康水平差，生病以后救治困难，康复缓慢，从而导致乡村及贫困地区的有效劳动力不足，创收能力差，进而该地区更加贫困落后，医疗条件更不能得到保证，如此形成恶性循环。因此，中央可以适当对贫困地区进行财政补贴，用于改善当地的医疗卫生条件。当地政府要实行市、县、乡由上至下的财政预算分级安排，不同级别政府对该级别的财政情况和医疗状况的把握程度不同，对财政资金的使用方向不同。财政预算分级安排的目的就是实现资金精细化使用，使得财政资金被高效率使用的同时真正做到用于解决百姓健康问题上。

对于乡镇卫生室的设备升级问题，应根据当地政府的财政资金状况，适当地将乡镇卫生院的医疗条件向标准化看齐。由于农村老年人居多，且老年人对医疗设备的需求更高，因而主要新引进的和应该升级的是老年人需要的数字 X 光机、彩超以及康复训练等基础设备。尤其面对疫情，老年人一方面对病毒的危害认识不足，自我防护往往做得不够到位；另一方面，老年群体免疫力弱，是病毒首先攻击的对象。上级政府有关部门需要做好口罩等防疫物资的下发，着重关注老年群体，以免其感染造成家庭和医疗部门压力陡增。

（二）制定医疗人才激励政策，引导医科大学生下乡

农村地区的医疗工作人员待遇低，工作条件差，乡镇医疗卫生机构招人难，留住高水平人才更难，现有的医疗技术人员存在不安心工作的现象，这造成了城乡健康医疗服务差距。医疗工作人员的业务水平对当地居民的疾病治疗和健康素养提升至关重要。缩小贫困地区和非贫困地区之间

的医务工作人员的水平差异对缩小地区间居民的健康差异有推动性作用。

要提高乡镇整体医疗业务能力，当地政府可以提高现有医务工作人员医疗水平和制定人才激励政策，将优秀的医科学生留在乡镇。针对提升当地现有医务工作人员医疗水平这一问题，首先县乡政府可以从更高级别的医院选择骨干医师下乡，在辖区内的乡镇医院坐诊，并对县乡医院的医护工作进行指导。其次，要鼓励县乡级别医师继续学习深造及业务精进，为愿意且有能力深造的医师提供编制保留服务，以及适当地为其报销部分学费。通过"外培内训"方式整体提高当地医务人员水平。

关于优化医务人员留乡的人才政策，形成可持续发展的医疗体系是更重要的一方面。习近平总书记在党的二十大报告中提出要推进健康中国建设，基层医疗体系建设是主战场，能否对基层群众的健康作出迅速积极且有效的响应，是赢得这场战役的关键。而基层医护人员作为这场战役的主将士，他们的数量、质量以及去留决定着这场战役的成败。留住"主将士"是政府部门亟待解决的问题。应通过拓宽人才引进渠道和人才保留机制两方面制定相关政策。

（三）优化乡镇和贫困地区的医疗服务质量

医疗服务质量包括基本药品的提供、医护人员技术能力以及每年诊疗人次和基本医疗项目完成率的评估。乡县级医院要做好治疗感冒、发热等常见药品的供给，避免出现居民感染后无药可用的现象。除此之外，要加快贫困地区的医疗卫生领域的供给侧结构性改革，实现优质资源下沉到乡镇，致力于提升基层看病体验，让基层百姓不再觉得"看病难，看病贵"。

（四）建立乡镇、贫困地区和非贫困地区之间医疗信息共享机制

大数据时代，信息化建设也是推动医疗服务业发展的重要动力之一，利用信息技术和高科技通信手段，缩小贫困地区和非贫困地区之间的健康差距具有重要意义。但对于现在的尤其是乡镇部门的医疗团队来说，信息化建设存在硬件和信息技术人员的短缺。另外，县乡级医院与上级医院之

间也不能实现数据共享,与县乡平级的医院之间也存在信息割裂。这不仅造成数据重复录入,工作烦琐度增加,而且公共资源、公共信息是相互独立、相互割裂的。建立信息共享机制有利于形成高效的医疗体系。为此,政府应建立信息一体化平台,通过这一平台,进行全体居民的健康信息统一采集,建立全体居民的电子健康信息卡、疾病档案,实现市级与县级之间、县级与县级之间的信息资源共享。

看病讲究"望""闻""问""切"四大步骤,建立互联网远程数字健康问诊联动模块,远程实现"望""问"两步进行初步诊断。这一数字化健康扶贫机制的建立主要针对贫困地区医务人员水平低,业务能力有限这一问题。实现贫困地区居民不用出门就可以线上向医生问诊,再进行线下就医,实现了"互联网+健康医疗"的线上数字医疗健康模式。为健康扶贫探索新路径,解决城乡及地区间医疗健康发展不均衡、差距大的问题。

四、完善健康扶贫政策

在"共同富裕""健康中国"两个相互交叉的大目标下,为贫困人口实现全周期的高质量的健康保障,是阻断贫困导致健康不平等的恶性循环链的有效突破口。从2010年健康扶贫这一概念提出以来,我国进行了一系列伟大实践,也成功带领我国人民实现了第一个百年奋斗目标——全面建成小康社会,在农村工作重心由脱贫攻坚向乡村振兴过渡的关键时期,低收入群体致贫返贫的重大风险仍然在于要把控健康风险。为防止脱贫村民再度返回贫困状态,我国健康扶贫政策理应随着贫困人口状况动态变化,要及时更新,持续优化。具体优化建议分为以下几个方面。

(一)推动健康事业发展

党的十八大以来,以习近平同志为核心的党中央把全民健康作为全面小康的重要基础,把发展卫生健康事业纳入"五位一体"总体布局和"四个全面"战略布局之中,作出"全面推进健康中国建设""推进健康扶贫"等重大决策部署。发展健康事业有助于提高全体居民的健康水平，为实现全面小康和人的全面发展打下基础。推动健康事业的发展一方面要求制定政策以实现卫生资源公平分配以及解决人力、物力以及财力投入不足的问题，另一方面要积极引导和激发社会资源向卫生公共事业流入，如健康基金会、慈善组织以及志愿者组织，凝聚全社会力量推动健康事业前进，推动健康扶贫政策完善，早日实现相对意义上的健康公平。

（二）整合医疗管理体系和制度的协调配合性

我国卫生健康制度具有分散零碎的特点，不同地区间的医疗体系也存在机构相互独立、信息不能共享等问题。为此，要解决医疗卫生制度与各地医疗机构缺乏整体性、连贯性等问题就需要进行制度管理和卫生机构整合协调。要实现实际效益"1+1>2"的结果，首先要对医疗卫生健康制度调整，缩小城乡医疗卫生差距，保障城乡医疗健康水平均衡发展；其次要推动国家卫生健康委员会相关部门的管理约束，将责任切实落地，实现健康扶贫政策的深化改革，医疗卫生体系的高质量发展；最后要实现群众自觉的健康管理与医疗卫生机构治疗相结合的完整体系，要明白光靠医院以及医护人员的护理治疗是不能实现长期稳定的健康体质的，只有通过体育锻炼、急性疾病预防知识的学习才能保证个人有较扎实的健康基础。实现防御治疗相结合，最低成本实现健康均衡发展，为实现健康扶贫政策提供基础保障。

（三）推进医疗卫生领域法律法规建设

我国针对卫生健康领域的法律规定并不多，且也不够完善，存在综合性不足的问题。2019年12月28日，第十三届全国人民代表大会常务委员会第十五次会议通过《基本医疗卫生与健康促进法》，作为我国卫生健康领域的第一部基础性、综合性法律，它对于推动我国卫生健康领域的法治化建设和维护人民群众医疗卫生服务权益具有重大现实意义。另外，随着近几年我国卫生健康领域外部环境的动态变化，我国也提出并出台了一系列相关法律法规。但由于法律存在滞后性，现有法律法规并不能真正地实现为全体人民带来切实的健康公平，仍然需要政府以及相关部门关注到人民群众中的弱势群体，维护正义，为贯彻健康扶贫理念保驾护航，将健康扶贫政策落实到每一个受保护且需要保护的人民身上。

五、关注农村贫困及患病人群心理健康

随着我国经济水平的快速发展和人民生活水平的日益提高，人民心理健康等有关问题逐渐浮出水面。党的十八大以来，以习近平同志为核心的党中央高度重视心理健康问题，明确提出要加强心理健康服务。在党的二十大报告中，习近平总书记着重强调了要"重视心理健康的精神卫生"。这充分体现了我国人民心理健康问题的突出性和紧迫性。

在强调关注人民心理健康问题的同时，特别要重视特殊人群的心理健康，尤其是贫困人群和患病人群的心理健康，这两类人群由于独特的经济、文化或身体状态等背景，心理健康问题更为严峻。社会理应给予更多的关注。

对于贫困地区的老年人来说，为了生计，子女多在外打工，缺少亲人的陪伴，日益年老的父母极易产生空寂与孤独感。随着年龄的增长，老年人会出现各种慢性病，但是由于贫困地区经济和医疗水平的落后，这些疾病往往并不能得到很好的治疗，很多老年人就一直遭受疾病和疼痛折磨，身体健康问题也会严重影响其心理健康，导致老年人出现焦虑、抑郁、甚至绝望的情绪，极大地降低了贫困地区老年人的幸福感和满足感，从而引发一系列的心理健康问题。对于贫困地区的儿童来说，童年是其身体和心理逐渐成长和完善的重要时期，对于其日后的发展和人生观、价值观的正确树立的意义都是非常深远的，然而，由于经济等原因致原本的家庭功能受损和儿童情感缺失。患病人群的心理健康问题一方面是源于病情本身，另一方面则是源于对外界过分在意和解读。关注患病人群的心理健康状态是十分重要的，积极的健康心态会加快病情的痊愈，消极的负面情绪不仅

不利于身体的康复，还会在病人身体恢复后持续影响患者的心理状态，这对于患者本人和其家庭都会产生极其不利的影响。

毋庸置疑，心理健康对每一个人的发展都是十分重要的，尤其是贫困人群和患病人群的心理健康，所以，关注贫困人群和患病人群的心理健康并采取积极的干预措施是十分重要的。

（一）关注贫困地区老年人的心理健康

一是提高老年人的心理健康意识，让他们理解并认识到什么是心理健康，提高贫困地区老年人对于自身情绪状态的关注度。二是提高贫困地区老年人的幸福感和满足感，可以在乡间村落设置一些娱乐措施或者科普教育，带动老年人积极性，让他们老有所乐。三是提高当地医疗水平，降低医疗费用，让老年人身体不适的时候能够就近就医，改善老人的身体状况。最后一点也是根本性的一点，发展贫困地区经济，留住人口，从根本上让贫困地区的老年人老有所依、老有所养。

（二）关注贫困地区留守儿童的心理健康

近些年来，贫困地区儿童的心理健康问题逐渐引起了社会的广泛关注。自2015年起《中国留守儿童心灵状况白皮书》发布以来，对贫困地区儿童的帮扶重点已由物质与经济逐步转为对心理健康的关怀。贫困地区儿童的心理健康问题的干预主要从两方面出发，一方面是家庭，另一方面是教育。在家庭方面，父母的陪伴对留守儿童身心健康发展是十分重要的，而探其根本，还是要从经济出发，在贫困地区发展经济，可以根据地域特点开发适合的经济产业，如旅游业、种植业等，创造就业机会，留住劳动力，为留守儿童的成长创造一个稳定且健康的环境。在教育方面，需要学校重视和开展相关心理健康课程，并建立儿童心理健康问题咨询点，从行动上将心理健康纳入课程教育，解决贫困儿童的心理健康问题。

（三）对于患病人群的心理健康的干预

患病人群的心理状态是脆弱且敏感多疑的，而患者家属往往忽略了对患者的心理状态的关注，家人的关心和帮助是解决患病人群负面心理的最有效的方法。首先家属需要提高对患者心理状态的关注，密切观察其行为变化，并尽可能猜测其心理状态的变化。其次家属需要在语言和行动上关心和照顾患者，让患者意识到家人的温暖和保护，从而纠正患者的消极思想，帮助患病人群建立积极和健康的心理状态。

六、提高农村贫困人口的收入水平

通过大量文献研究可知，健康不平等对人均可支配收入有负向的影响，当一个人的健康状况越差，他的大部分收入将用于医疗，则可用于提高自己福利水平的部分越少。此外，用来抚育后代的支出也会相应减少，进一步导致子女接受教育程度、眼界开阔程度相较于健康状况好的家庭也会更差。健康不平等造成贫困迭代，导致健康人口与不健康人口、非贫困人口与贫困人口差距越来越大。为此，要缩小二者之间差距需要提高非贫困人口收入水平，具体从以下几个方面给出建议。

（一）为贫困且患有疾病或残疾人口提供合适的工作岗位

城市居民和农村居民的生活环境不同，且城市居民较农村居民有更良好的健康水平表现，有更多的城市居民处于健康分布上层，城市居民的健康状况要远远好于生活在农村的居民，城市居民健康福利高于农村居民。乡镇部门应为贫困人口提供简单的工作，比如打扫卫生、门卫等工作。在保证其能照顾自身的基础上，为其支付一些劳动报酬，减轻其经济负担。

我国对于企业录用残疾人这一方面有很好的税收优惠政策，当该企业录用残疾人，将适用企业所得税中对残疾人工资加计扣除，年度汇算清缴时，若企业满足相关条件，可将残疾员工工资百分之百加计扣除[①]。虽然这一税收优惠激励了企业录用残疾员工，但仍然存在政策引导方面的不

---

① 《关于促进残疾人就业增值税优惠政策的通知》（财税〔2016〕52号）。

足。企业怀疑残疾人的工作能力，工作效率会影响企业盈利，企业会承担较大风险。大部分企业宁愿放弃税收优惠，也不愿录用残疾人。因此，政府有义务、责任去制定引导性政策，改变企业对残疾人的看法，多多鼓励支持相关企业录用残疾人。

（二）拓宽政策补贴人群

我国仍然存在许多低收入人群，这些低收入人群虽然仍旧挣扎在贫困线上，但其收入又高于国家制定的优惠补贴政策标准。这类人群一般是本身健康程度良好，但是家庭人员，例如妻子、儿女，其中一方或者多方身体健康存在问题，患有疾病，无法外出务工，参加劳动赚取收入。或者家中有老人需要赡养，导致家庭可支配收入低。这类人群，本身无法享受优惠政策跟补贴，生活压力大，工作强度也比一般家庭要大，更容易被累垮，也承担着巨大的家庭风险。因此，需要政府制定相关政策引导企业多多关注此类人群，并适当扩大政策优惠范围。例如，减轻此类人群的个人所得税压力。

七、提升贫困人口中青少年受教育程度阻断贫困代际传递

在我国全面建成小康社会后，相对贫困问题依然是首先要解决的问题。教育扶贫作为我国扶贫助困的根本内容，其主要内容是通过提高扶贫对象认知水平和思想道德意识，进而掌握先进的科技文化知识，在摆脱贫困方面发挥着关键作用。在精准扶贫政策中也提到"扶贫先扶智"，一味地进行单方面财政补贴不但会给财政带来巨大压力，而且会养成贫困人口对财政补贴的依赖性，滋生他们的懒惰。因此，提高贫困家庭子女的认知、教育水平，改善他们的思想文化水平对后续的脱贫实践与实现长效性脱贫机制具有根本性和实质性作用。与此同时，帮助贫困家庭子女接受中高等教育，可以帮助他们摆脱原生家庭的贫困现状，从而阻断贫困代际恶性循环。

(一) 缩小贫困地区与非贫困地区间教育资源差异

由于地理环境差异、经济要素差异,导致贫困地区与非贫困地区之间教育资源也存在较大的差异。贫困地区青少年接受教育的程度也要远低于非贫困地区,受教育资源差异的影响,贫困地区的青少年对世界的认知、经济走向以及国家重要事件的关注度更低,对资源把握和自身发展的意识相对于非贫困地区普遍更低。因此,缩短贫困地区与非贫困地区之间教育资源的差异不但可以提高贫困家庭子女的自身价值,提升未来工作中的竞争力以及增强他们创造收入的潜力,改善家庭贫困状况,还可以为教育公平的发展及实现提供基础性保证。贫困地区与非贫困地区之间的差异主要体现在教育基础设施的资源配置上、教师资源数量和质量的配置上。针对以上两个方面,本书提出以下建议:

1. 升级乡村贫困地区教学设备

大量研究和现实表明在城镇等相对非贫困地区,教育资源更丰富,拥有比乡村更完善的教学设备,比如智慧教室、互联网教学等。此外,在城镇以及富裕地区建设有图书馆、校园微机室以及体育馆等大型教育建筑实现城镇学生德育体智美多方面发展。然而,在乡村等落后地区,由于贫困对教育教学方面的投资远低于城镇等发达地区,造成城乡之间、贫困地区与非贫困地区间的教育失衡,严重影响了我国教育事业的发展,也对扶贫政策中要实现的教育扶贫造成了阻碍。鉴于此,首先要求政府相关部门加大对乡村等贫地区的财政投入,用以升级改造乡村校园的教学设备,为乡村地区学校建设智慧教室,实现信息化教育,对标城镇学生的教学标准。近些年来,很多慈善机构在某些贫困地区,例如内蒙古、黑龙江以及河北等地区大量兴建希望小学、希望工程等项目,但是这些新建的学校并未得到充分利用甚至荒废,其产出比例远小于投入比例,存在规模报酬递减,造成投入资源的浪费和冗余。

政府应适度引领安排这类资源投入的重新配置,可以将这部分投入资源用于升级现有学校的软硬件设施,为学生提供更好的教学体验。或者用于建设新的学生宿舍，为家距离学校很远的学生提供住宿条件。同时，适当调节教育资源和教育政策向贫困地区学生倾斜，由于我国的中高等教育政策本身就存在优秀教育资源集中问题，导致贫困地区聚集的资源相对劣质。

因此，不论是财政的资金投入还是教育政策的制定都应当有意识地向农村贫困地区倾斜，缩小贫困地区与非贫困的区间教育资源差距，致力于实现城乡间教育均衡发展。

2. 加强农村贫困地区教师资源建设

在价格机制调节下，大多数教师会选择经济条件优越、生活环境适宜的发达地区就业，而发达地区也希望吸引到业务水平高的教师入职。如此一来，更好更优质的师资力量就留在了发达地区，发达地区的学生也就享受到了更好的教学质量，可以考取更好的大学进修，实现个人价值，赚取更丰厚的工资。反观贫困地区，教师团队不论是从数量上还是质量上，都无法与发达地区相比较，贫困地区的学生在贫困水平上享受着更贫困的教育质量，造成贫困学生更难发展自己，无法创造丰厚收入，不能改变家庭贫困现状。市场经济对教师资源的配置结果导致发达地区的学生变得更富有，贫困地区的学生更贫困的两极现象，这不仅与我国所要求的乡镇教育均衡发展和共同富裕的大目标背道而驰，而且加深了城乡二元结构分层。对此，一方面要提高农村教师的待遇水平，吸引优秀教师到农村来。在师范类学校多多进行乡村支教活动，进行支教活动教育意义宣传，唤醒大学生奉献精神，促使他们到乡村进行支教。另一方面要加强对农村现有教师的培训教育，定期组织乡村教师到发达地区的重点学校进修，提升自身教育素质水平。此外，大数据时代，也要利用好信息技术这一显著优势，可以对农村教师进行线上培训，也可以让贫困地区的学生寻找网络名师课程进行自学，实现逆风翻盘。无论如何，教师资源的质量是影响教育进程的重要因素，加强贫困地区师资教育资源建设对教育扶贫有重要意义，也为贫困家庭的子女实现自身价值，甚至为阶级飞跃带来希望。为阻断贫困差异导致教育差异进而影响子代的贫困差异这种恶性循环链提供新途径。

(二) 改变贫困人口"接受教育无用"的错误理念

在许多农村贫困地区,由于经济落后、思想落后等问题,许多贫困家庭的父母不愿意把孩子送去上学。他们认为,送孩子上学去接受教育要承担巨大的教育开支,并且家里会因此失去劳动力。这种思想会导致他们的子女继续走父母的老路,继续他们的贫困。因此,要适时地转变贫困人口的教育理念。教育扶贫是一项长期任务,并且教育扶贫结果的显现需要很长时间,它不是一项短时间就能见结果的政策,需要政府相关部门以及学校和家长的长期配合。但是,教育扶贫的影响是深远且坚韧的,这一政策是一个厚积薄发的过程,是实实在在能从根本上解决贫困代际问题的政策。为此,首先要通过向贫困地区人口进行政策宣讲,让他们明白让子女去接受教育是改变家庭贫困现状最便捷的一条路径。其次,可以制定相关政策补贴,减少贫困家庭子女在校读书费用,尽最大努力降低贫苦家庭因学致贫的影响。共同富裕的本质要求不仅是经济上的共同富裕,而且是思想上的共同富裕,并且实现教育的均衡发展是实现共同富裕的有力跳板。可以通过子女接受教育,提升自己,为自己创造价值,激活内在动力,反过来带动家庭及贫困地区发展,缩小贫困地区和非贫困地区之间的财富差距。

(三) 加大对教育支出的财政投入力度

2013年,以习近平同志为核心的党中央提出了精准扶贫政策,旨在针对不同区域、不同贫困程度的农户,运用科学有效的机制精准识别其中特困人群,并进行精准帮扶,解决过去几年我国粗放式扶贫存在的短板。在精准扶贫政策中提出"六个精准"要求通过教育扶贫脱贫一批。脱贫攻坚战过去了10年,在新时代的今天,当我们回顾这一路艰辛,我们的辛苦付出,以及在贫困区日夜坚守的领导干部的辛劳都是有意义的。据研究,精准扶贫政策中关于通过教育提高贫困人口中的有效劳动力结果是显著的,由于贫困地区"重男轻女"错误思想严重,很多贫困地区家庭中女孩子接受教育的程度低，但是在精准扶贫政策的实施及财政资金的补贴下，贫困家庭的可支配收入增加，其中用于教育支出费用也得到增加，相较于未实施精准扶贫政策前，贫困地区家庭子女受教育程度提升了 0.092 年[①]。这说明，精准扶贫政策确实有助于实现教育公平，教育公平的目标又在于阻断贫困代际恶性循环链，因此，这给了我们一个启示，利用专项费用补助增加贫困家庭中用于教育支出部分。

1. 加大对贫困学生的资助力度

近年来，在习近平总书记的带领下，在精准扶贫政策的精准实施下，我国已经坚定地迈向全面小康的步伐，实现了第一个百年奋斗目标，成功消除了绝对贫困，实现了农村从脱贫攻坚战过渡到乡村振兴这一伟大跨越。尽管近年来我国数亿的人口摘下了"贫困"的帽子，但我国仍然有很多地区存在相对贫困。剩下这一部分贫困人口也是所谓的"硬骨头"，减贫难度较大，也到了减贫工作最艰难的阶段。但艰难不等于放弃，为从根本解决贫困问题，就要抓住教育扶贫这一重点，帮扶贫困家庭子女完成高等教育、职业教育，至少使他们在如今竞争激烈的工作市场中有一技傍身，能有获得高收入的能力，继而使父辈贫困能在子代这里中断。这就需要政府以及教育部门完善中高等教育体系中的资助系统，加大对贫困学生的补贴力度。具体要完善相关政策细节，要求班主任老师辅助教育扶贫部门精准识别需要帮扶的对象，实现精准资助。另外，要拓宽可获得的资助渠道，通过开发制定各类教育扶贫资金支持方案，借用慈善机构等各种社会力量，用以保证贫困家庭子女享受同等公平的教育水平，切断贫困代际恶性循环链，为实现乡村振兴打下教育基础。

2. 建立扶贫主体多元化的扶贫体系

以前的扶贫体系中扶贫主体主要为政府和学校，其中政府作为扶贫主体的作用是制定相关扶贫政策，对扶贫范围以及扶贫对象进行调查，最后确定扶贫政策中扶贫资金的分配比例与应用去向。学校作为另一扶贫主

---

① 刘荆丽. 精准扶贫政策是否促进了教育公平？[D]. 山东大学, 2022.

体，其主要作用是一方面要配合政府贯彻扶贫政策的落地实施，另一方面要运用自己的专业性优势，配合当地环境状况、经济状况以及人文背景设立不同专业，为当地提供技术型人才或者学术型人才，解决当地人才不足问题的同时也解决了教育贫困问题。此外，还应将当地大中企业纳入教育扶贫主体，相较于前两者，企业部门拥有更雄厚的财力，为当地经济发展提供了巨大助力。因此，政府部门应引导当地企业助力与支持贫困人口就业，可以通过定向专业培养适合本企业的员工，这部分学费可由企业部分提供。由此可见，建立多元化的扶贫主体具有更大的连贯性、整体性，能切实做到有效的教育扶贫，真正地从根本上解决贫困代际问题。

八、解决贫困人口就业问题

2020年4月17日，中央政治局会议继"六稳"工作后，提出了"六保"任务，其中最重要的一项就是保证居民就业。将保就业放在"六保"任务首位，同时也提出了就业是民生之本，保就业就是保民生的重要论断。习近平总书记在党的十九大提出了要打好脱贫攻坚战，为实现全面小康指引正确方向，提供战略新思路。2021年，在习近平总书记的带领下，成功实现了第一个百年奋斗目标——全面建成小康社会。带领群众消除了绝对贫困，但在绝对贫困后面还有相对贫困，尤其在农村经济不发达地区，脱贫质量不稳定，有极大的返贫风险。对此，习近平总书记提出了要建立返贫检测机制，利用产业扶贫，就业帮扶等工作稳定脱贫群众经济状况。因此，帮助贫困地区人口解决就业问题有重要意义，一方面为脱贫不反贫工作奠定了基础，另一方面可以缩小贫困地区与非贫困地区间财富差异，这也是"十四五"工作的重点内容之一。帮助贫困人口解决就业问题可以增加贫困人口的可支配收入，同时也增加了用于教养贫困人口后代的资金，解决了贫困代际的问题。

（一）大力发展农村集体经济

随着近几年来对农村的大力改造以及为农村发展进行的财政支持，以及在乡村振兴的大背景下，农村现有经济状况很大程度上得到改善，但农村经济仍然存在一些不足。例如，农村地区可经营产品范围小，农村人均消费水平低，农村产业发展不均衡等问题。这些问题同样是实现乡村振兴战略中所面对的严峻考验。对于农村大部分40—50岁的人来说，是不愿意离开农村家庭进入城市等地方打工赚取收入的。原因在于，对于这部分人群，年龄和体力已经不再允许他们从事偏重体力劳动，另外，由于家庭原因的束缚，也不允许他们长时间外出打工。为此，政府相关部门以及相关企业可以组织一些农村集体经济，例如农村生产经营合作社、集体合作运营中小规模产业等。为积极促进农村地区贫困人口就业，大力发展合作集体经济可以通过以下几个方面推动。

1. 通过村委会向贫困人口宣传介绍，吸引相对贫困人口进入合作社工作

农村生产合作社主要包括畜牧业和种植业两个方面，通过村委会领导班子向当地村民积极介绍参加合作社的优点和利益，鼓励当地村民积极加入合作社，一起壮大合作社经营范围，更好地为村民提供便利，带来收入，解决农村贫困问题。

2. 适当增加合作社岗位

在现如今的农村，青壮年一般选择外出打工赚取收入，补贴家用。但是对于留守农村的一些特殊群体，他们经济困难，并且存在一些其他原因无法外出务工。而且，在贫困地区的农村提供的工作岗位极其少，他们没有收入来源，生活拮据，更无法为子女们分担压力甚至抚育子女们健康成长。针对此类情况，政府进行补贴是一方面，另一方面，政府可以引导合作社等为其提供一些简单职位工作，允许其获得一部分收入改善家庭状况。

（二）积极进行农村产业创新

农村产业往往存在产品单一、可持续性不强等特点。在农村，盈利产品一般为种植业和畜牧业，但这两个产业往往存在利润低、投入成本高且

对劳动力需求也高等特点,尤其是畜牧业,牛羊等单位价值大但容易生病或者发生群体疫病,一不小心就会使农户亏得血本无归,造成巨大经济损失,经营畜牧产业的农户除了以上需要承担的成本以外还要承担巨大的风险,而且甚至可能需要子女承担债务,造成贫困转移给下一代。我们常讲"不要把所有鸡蛋放进同一个篮子里"。因此,需要当地政府牵头发展拓宽其他产业带动当地的经济发展,例如在一些贫困但风景秀丽的地区发展旅游业,进而通过旅游文化输出本地特色食品以及文化服饰。俗话讲"要想富,先修路",在许多贫困的农村地区,发展不起来很大程度上是由于交通不便利,当地产出的产品无法向外界运输,造成一定程度上资源的浪费,此外,当交通不便利时也会影响当地人就医和外出,除了经济上的贫困还会产生健康贫困。因此,当地政府相关部门应积极筹措资金用于交通建设,一方面交通建设带来的影响利益是长远的,修路是一件惠及千秋万代的事,经济发展是指日可待的;另一方面,道路建设需要大量劳动力,可以吸引当地村民参与建设并支付工资,经济发展的同时,为村里人提高了收入水平,增加了村民的可支配收入,阻断贫困代际的恶性循环。

(三) 发展职业技能培训和教育

职业技能培训可以实现一个人的价值增值,提升贫困人口职业竞争力,为解决贫困人口就业难提供有效动力。对比其他教育类型,职业教育教学周期短,见效快,简单明了重点传授劳动技能,贫困人口只要掌握实践技能就可以实现收入稳定增长。此外,对贫困人口进行职业教育,为其增加一技之长可以保证他在未来的竞争环境中有一席之地,政府部门也可以培训一些市场短缺的紧缺劳动力,为保证市场劳动供给的同时,为家庭创收,改善家庭贫困状况。

农村健康差异导致贫困差异,贫困差异导致健康差异,二者交互影响相互作用,进而导致农村居民下一代无法实现原始资本积累,造成健康贫困和经济贫困向下一代转移,以上问题是实现我国全体人民共同富裕路上的一大阻碍。针对健康差异和贫困差异两个主要方面,以及贫困差异和健康差异的代际问题，本书利用理论模型进行推理及分析，得出通过医疗改革、教育改革，提升贫困人口就业质量以及向贫困人口进行政策倾斜都对改善本书所研究的农村地区贫困代际问题以及健康代际有积极影响。

第三节　研究展望

本书实证分析大量用到中国健康与养老追踪调查数据库（China Health and Retirement Longitudinal Study，CHARLS）的数据，鉴于时间和费用，没有做过多的实地调查，下一步要深入中国各地农村面谈访问、入户调查，获得一手数据使得研究结论更准确、更可靠。此外，可以进一步对构建的理论模型进行数值模拟，与实证分析结果相结合，展开进一步深入研究。

参考文献

[1] Bush J W, Fanshel S. Basic concepts for quantifying health status and program outcomes [C]. Paper Presented at Meeting, 1970.

[2] Stason, William, B, et al. Allocation of Resources to Manage Hypertension [J]. New England Journal of Medicine, 1977.

[3] Gakidou E E, Murray C, Frenk J. Definición y medición de las desigualdades en salud: una metodología basada en la distribución de la esperanza de salud [J]. Bulletin of the World Health Organization, 2000, 78 (3): 42 - 54.

[4] Braveman P, Meyers A, Schlenker T, et al. Public health and war in Central America [J]. War & Public Health, 2000.

[5] Wolfson, M, Rowe, et al. O4 - 2.2 Healthpaths dynamics: using functional health trajectories to quantify impacts on Health - Adjusted Life Expectancy (HALE) in Canada [J]. Journal of Epidemiology & Community Health, 2011, 65 (Suppl 1): A41.

[6] Wagstaff A, Doorslaer E V. Equity in Health Care Finance and Delivery [J]. Handbook of Health Economics, 2000, 1: 1803 - 1862.

[7] Paula, Braveman. Theme: Equity in health - defining equity in health [J]. Health Policy and Development, 2004, 2 (3): 180 - 185.

[8] Braveman, Paula. Health disparities and health equity: concepts and measurement [J]. Annual Review of Public Health, 2006, 27 (1): 167 - 194.

[9] Rodgers G, Standing G. Economic roles of children in low - income

countries: a framework for analysis [J]. ILO Working Papers, 1979.

[10] Lee C W, Baek S H, Hong T J, et al. A Multicenter, Eight - Week Treatment, Single - Step Titration, Open - Label Study Assessing the Percentage of Korean Dyslipidemic Patients Achieving LDL Cholesterol Target with Atorvastatin Starting Doses of 10 mg, 20 mg and 40 mg [J]. Cardiovascular Drugs&Therapy, 2010.

[11] Winkleby, M, A, et al. Socioeconomic status and health: how education, income, and occupation contribute to risk factors for cardiovascular disease [J]. Am J Public Health, 1992.

[12] Wang A X, Zhou Y, Zhao X Q, et al. Correlation of Different Obesity Indexes and Intracranial Arterial Stenosis [J]. Chinese Journal of Stroke, 2012.

[13] Roh Y H, Chang J Y, Kim M U, et al. The Effects of Income and Skill Utilization on the Underemployed's Self - Esteem, Mental Health, and Life Satisfaction [J]. Journal of Employment Counseling, 2014, 51 (3).

[14] Zhuo, Chen. Beefing up with the Chans: Evidence for the effects of relative income and income inequality on health from the China Health and Nutrition Survey [J]. Social Science & Medicine, 2008.

[15] E, Van, de, et al. Is there a health penalty of China's rapid urbanization? [J]. Health Economics, 2012.

[16] Yang W, Kanavos P. The less healthy urban population: income - related health inequality in China [J]. BMC Public Health, 2012.

[17] Bakkeli, Zou N. Income inequality and health in China: A panel data analysis [J]. Social science and medicine, 2016.

[18] Adam W, Eddy V D, Pierella P. Equity in the finance and delivery of health care: some tentative cross - country comparisons [J]. Oxford Review of Economic Policy, 1989, 5 (1): 89 - 112.

[19] Weinstein, R. Pseudoepidemics in hospital [J]. Lancet, 1977,

310 (8043): 862-864.

[20] Townsend P. Poverty in the United Kingdom [M]. Berkeley, Calif: University of California Press, 1979.

[21] Alkire. S. & Foster. J. Multidimensional Poverty Measurement [J]. Journal of Public Economics, 2011, 95 (7-8): 476-487.

[22] Seebohm Rowntree B. Poverty: A study of town life [M]. London: Macmillan.

[23] Almond D., Currie J., Herrmann M. From Infant to Mother: Early Disease Environment and Future Maternal Health [J]. Labour Economics, 2012, 19 (4): 475-483.

[24] Dolton P., Xiao M. The Intergenerational Transmission of Bmi in China [J]. Economics & Human Biology, 2015, 19 (12): 90-113.

[25] Halliday T., Mazumder B., Wong A. Intergenerational Health Mobility in the Us [M]. Social Science Electronic Publishing, 2018.

[26] Classen T. J., Thompson O. Genes and the Intergenerational Transmission of BMI and Obesity [J]. Economics and Human Biology, 2016, 23 (12): 121-133.

[27] Lewis, O. Five Families: Mexican Cases Studies in the Culture of Poverty [M]. New York: Basic Books, Inc, 1959.

[28] Rodgers, J. R. An empirical study of intergenerational transmission of poverty in the United Statss [J]. Social Science Quarterly, 1995, 76 (1): 178-194.

[29] Lee, C. I. & G. Solon. Trends in intergenerational income mobility [J]. Review of Economics and Statistics, 2009, 91 (4): 766-772.

[30] Gopi, Krishna, Garge, et al. Consumer Health Care: Current Trends in Consumer Health Monitoring [J]. IEEE Consumer Electronics Magazine, 2017.

[31] Krishna, Regmi, Jennie, et al. Understanding the effect of decent-

ralisation on health services: the Nepalese experience [J]. Journal of health organization and management, 2010.

[32] Katja, Coneus, C, et al. The intergenerational transmission of health in early childhood—Evidence from the German Socio - Economic Panel Study [J]. Economics and human biology, 2012.

[33] Salkever D, Fuchs V R, Grossman M. Essays in the Economics of Health and Medical Care [J]. American Journal of Agricultural Economics, 1972, 56 (1): 199.

[34] Michael, Grossman. The demand for health, 30 years later: a very personal retrospective and prospective reflection [J]. Journal of Health Economics, 2004.

[35] Grossman M, Lindgren B, Bolin K, et al. Advances in Health Economics and Health Services Research [J]. Advances in Health Economics & Health Services Research, 2009.

[36] Eric, R, Eide, et al. The effect of grade retention on educational and labor market outcomes [J]. Economics of Education Review, 2001.

[37] Mulligan P K. Threats to the health care system - Response [J]. Canadian Family Physician Médecin De Famille Canadien, 1999, 45: 35.

[38] Bowles S. Part 2: Investment in Education: The Equity - Efficiency Quandary ‖ Schooling and Inequality from Generation to Generation [J]. Journal of Political Economy, 1972, 80 (3): S219 - S251.

[39] Meade M. Land development and human health in West Malaysia [J]. Annals of the Association of American Geographers, 1976, 66 (3): 428 - 439.

[40] Aktinson A B. Inequality - what can be done? [J]. Interfaces, 2016 (46 - 3).

[41] Rajiv, N, Rimal, et al. Perceived Risk and Efficacy Beliefs as Motivators of Change: Use of the Risk Perception Attitude (RPA) Framework to Understand Health Behaviors [J]. Human Communication Research, 2003.

［42］Stefanie, Mollborn, Laurie, et al. Health Lifestyles in Early Childhood［J］. Journal of Health & Social Behavior, 2014.

［43］Yakimo, Richard, Murray, et al. Health Promotion Strategies Through the Life Span: Pearson New International Edition［M］. Pearson Prentice Hall, 2008.

［44］Blanden J, Gregg P. Family income and educational attainment: a review of approaches and evidence for Britain［J］. LSE Research Online Documents on Economics, 2004.

［45］Currie A, Shields M A, Price S W. The child health/family income gradient: Evidence from England［J］. Journal of Health Economics, 2007, 26（2）: 213 – 232.

［46］Quisumbing A R. Better rich, or better there?［J］. FCND discussion papers, 1997.

［47］Yaqub S. Intertemporal Welfare Dynamics［J］. Human Development Occasional Papers（1992 – 2007）, 2001.

［48］Yamano T, Christiaensen A L. Child Growth, Shocks, and Food Aid in Rural Ethiopia［J］. American Journal of Agricultural Economics, 2005, 87.

［49］Åke Wahlin, Anstey K J, Mcdonald S, et al. The International Network on Public Health and Aging（INOPA）: Introducing a Life Course Perspective to the Public Health Agenda［J］. Journal of Cross – Cultural Gerontology, 2008.

［50］Kabeer N, Mahmud S, Imagining the Future: Children, Education and Intergenerational Transmission of Poverty in Urban Bangladesh［J］. Blackwell Publishing Ltd, 2009（1）.

［51］Sam, Staley. The Truly Disadvantaged: The Inner City, the Underclass, and Public Policy［J］. Journal of Urban Affairs, 2016, 11（3）: 315 – 326.

［52］Behrman J R, Pollak R A, Taubman P. From Parent to Child: Intrahousehold Allocations and Intergerational Relations in the United States［J］.

Contemporary Sociology, 1996, 25 (5).

[53] Hansen W M N. Change over Time in the Intergenerational Transmission of Social Disadvantage [J]. European Sociological Review, 2009, 25 (3): 379 – 394.

[54] Lynch J, Smith G D, Harper S, et al. Is income inequality a determinant of population health? Part 2. U. S. National and regional trends in income inequality and age – and cause – specific mortality [J]. Milbank Quarterly, 2004, 82 (2): 355 – 400.

[55] Huffman W E, Orazem P F. Agriculture and Human Capital in Economic Growth: Farmers, Schooling and Nutrition [J]. Handbook of Agricultural Economics, 2007, 3.

[56] Gravelle H. How Much of the Relation between Population Mortality and Unequal Distribution of Income is a Statistical Artefact? [J]. BMJ Clinical Research, 1998, 316 (7128): 382 – 385.

[57] Smith, Noel. Economic inequality and poverty: where do we go from here? [J]. International Journal of Sociology & Social Policy, 2010, 30 (3/4): 127 – 139.

[58] Goldman D P, Smith J P. Methodological biases in estimating the burden of out – of – pocket expenses [J]. Health Services Research, 2001, 35 (6): 1357.

[59] Thomas, J, Nechyba, et al. Community choice and local public services: A discrete choice approach [J]. Regional Science and Urban Economics, 1998.

[60] Zhu M L. The Cause and Countermeasure Analysis of the Ethical Risks on Doctors in the New Rural Cooperative Medical Insurance [J]. Journal of Social Work, 2007.

[61] Booth C. Life and labour of the people in London [M]. New York: Macmillan and Company, 1902.

[62] Datt G. Multidimensional poverty in the Philippines, 2004 – 2013: How much do choices for weighting, identification and aggregation matter? [J]. Empirical Economics, 2018, (57): 1103 – 1128.

[63] Jolliffe D, Prydz E B. Societal poverty: a relative and relevant measure [J]. The world Bank Economic Review, 2019, 0 (0): 1 – 27.

[64] Niemietz K. A new understanding of poverty: Poverty measurement and policy implications [R]. The Institute of Economic Affairs: London, 2011.

[65] Rowntree S. Poverty: a study of town life [M]. London: Macmillan, 1902.

[66] Roberts B. Chronic and transitory poverty in Post – Apartheid South Africa: Evidence from Kwa Zulu – Natal [J]. Journal of Poverty, 2000, 5 (4): 1 – 38.

[67] Tsui K. Monitoring global poverty: Report of the commission on global poverty [J]. Social Choice and Welfare, 2019, (01): 659 – 668.

[68] Vliet O V, Wang C. Social investment and poverty reduction: a comparative analysis across fifteen European countries [J]. Journal of Social Policy, 2015, 44 (3): 611 – 638.

[69] Townsend P. Poverty in the United Kingdom: A Survey of Household Resources and Standards of Living [M]. Berkeley: University of California Press, 1979.

[70] Chambers R. Poverty and livelihoods: Whose Reality Counts? [J]. Environment and Urbanization, 1995, 7 (1): 173 – 204.

[71] Dekker P, Uslaner E M. Social Capital and Participation in Everyday Life [M]. New York: Taylor and Francis, 2003: 224.

[72] Royce E. Poverty and Power: The Problem of Structural Inequality [J]. Washington DC: Rowman&Littlefield, 2018.

[73] Adriaan V Z, Muysken J. Health and Endogenous Growth [J]. Journal of Health Economics, 2001, 20 (2): 169 – 185.

[74] Fogel, Robert W. Economic Growth, Population Theory and Physiology: The Bearing of Long – Term Processes on the Making of Economic Policy [J]. American Economic Review, 1994a, 84 (3): 369 – 395.

[75] Mushkin S J. Health as an Investment [J]. The Journal of Political Economy, 1962, 70 (5 – 2): 129 – 157.

[76] Currie J. &Moretti E. Mother's Education and the Intergenerational Transmission of Human Capital: Evidence from College Openings [J]. Quarterly Journal of Economics, 2003, 118 (4).

[77] Dowd J. B. and Zajacova A. Predictors of inflammation in U. S. children aged 3 – 16 years [J]. American Journal of Preventive Medicine, 2010, 39 (4): 314.

[78] Moore K. Thinking About Youth Poverty Through the Lenses of Chronic Poverty, Life – course Poverty and Intergenerational Poverty [J]. Chronic Poverty Research Centre Working Paper, 2005, No. 57.

[79] Constantin I. Education and Socioeconomic Status of Parents – factors of Influence for Income Inequality [J]. Manager Journal, 2013, 18 (1): 53 – 58.

[80] Solon G. Intergenerational Income Mobility in the United States [J]. American Economic Review, 1992, 82 (3): 393 – 408.

[81] Thompson O. Genetic Mechanisms in the Intergenerational Transmission of Health [J]. Economics&Human Biology, 2015, 35 (4): 132 – 146.

[82] Coneus K. and Spiess C. The Intergenerational Transmission of Health in Early Childhood, Evidences from the German Socio – Economic Panel Study [J]. Economics&Human Biology, 2016, 10 (1): 89 – 97.

[83] Kugler A. and Akbulut Y. Heterogeneity in the long term health effects of warfare [J]. Economics&Human Biology, 2017, 27: 126 – 136.

[84] Almond D. From Infant to Mother: Early Disease Environment and Future Maternal Health [J]. Labor Economics, 2012, 19 (4).

[85] Mazumder B. &Wong A. The Intergenerational Transmission of Health:

A Latent Variable analysis [J]. Journal of Health Economics, 2020, 29 (3).

[86] Aizer A. & Currie J. The Intergenerational Transmission of Inequality: Maternal Disadvantage and Health at Birth [J]. Science, 2014, 344 (6186).

[87] Weber M. Economy and society: An outline of interpretive sociology [M]. Berkeley: University of California Press, 1978.

[88] Schultz T. W. Investment in human capital [J]. American Economic Review, 1961, 51 (1): 1 – 17.

[89] Moore, Elizabeth S, William L. W and Julie A. Lighting the Torch: How do Intergenerational Influences Develop? [J]. Advances in Consumer Research, 2001, 28 (1): 287 – 293.

[90] Strauss J. and D. Thomas, Health, Nutrition, and Economic Development [J]. Journal of Economic Literature, 1998 (2): 36.

[91] Baye, F. , Epo, B. , Ntamack, S. Inequality Decomposition in the Distribution of Income and Child Health in Cameroon [J]. Journal of Rural Development, 2013, (1): 6 – 14.

[92] Kjellsson, G. , Gerdtham, U – G. , Petrie, D. Lies, damned lies, and health inequality measurements: Understanding the value judgments [J]. Epidemiology, 2015, (5): 673 – 680.

[93] Le Grand, J. Inequalities in health: Some international comparisons [J]. European Economic Review, 1987, (1): 182 – 191.

[94] Mackenbach et al. Trends in inequalities in premature mortality: a study of 3.2 million deaths in 13 European countries [J]. Journal of Epidemiology and Community Health, 2015, (3): 207 – 217.

[95] Wagstaff, A. , van Doorslaer, E. Income inequality and health: what does the literature tell us? [J]. Annual Review of Public Health, 2000, (1): 543 – 567.

[96] Wang, H. , Yu, Y. Increasing health inequality in China: An empirical study with ordinal data [J]. Journal of Economic Inequality, 2016,

(1): 41-61.

[97] Cerioli A, Zani S. A Fuzzy Approach to the Measurement of Poverty [M]. In: Dagum C. & Zenga M. (eds), In-come and Wealth Distribution, Inequality and Poverty, Studies in Contemporary, Economics. Spinger, Berlin, 1990: 272-284.

[98] Mayer, S. E., What Money Can't Buy: Family Income and Children's Life Chances [M]. Cambridge MA: Harvard University Press, 1997.

[99] Cao S, Wang X, Wang G. Lessons Learned from China's Fall into the Poverty Trap [J]. Journal of Policy Modeling, 2009, 2 (31): 298-307.

[100] 祝建华. 贫困代际传递过程中的教育因素分析 [J]. 教育发展研究, 2016 (3).

[101] 张焕明. 农民工家庭贫困水平: 模糊收入线测度及代际传递性原因 [J]. 中国经济问题, 2011 (6): 39.

[102] 黄潇. 如何预防贫困的马太效应——代际收入流动视角 [J]. 经济管理, 2014 (5): 153-162.

[103] 杨立雄, 胡姝. 中国农村贫困线研究 [M]. 北京: 中国经济出版社, 2013.

[104] 姚宏文, 石琦, 李英华. 我国城乡居民健康素养现状及对策 [J]. 人口研究, 2016, 40 (2): 88-97.

[105] 左孝凡, 王翊嘉, 苏时鹏, 等. 社会资本对农村居民长期多维贫困影响研究——来自 2010—2014 年 CFPS 数据的证据 [J]. 西北人口, 2018, 39 (6): 59-68.

[106] 程名望, JIN Yanhong, 盖庆恩, 等. 农村减贫: 应该更关注教育还是健康？——基于收入增长和差距缩小双重视角的实证 [J]. 经济研究, 2014 (11): 130-144.

[107] 李华, 俞卫. 政府卫生支出对中国农村居民健康的影响 [J]. 中国社会科学, 2013 (10): 41-60.

[108] 马健麐. 公共卫生支出、健康资本与经济增长——基于我国西

部地区的实证分析 [D]. 北京：中央财经大学，2015.

[109] 侯亚景. 中国农村长期多维贫困的测量、分解与影响因素分析 [J]. 统计研究，2017，34（11）：12，86-97.

[110] 陶裕春，申昱. 社会支持对农村老年人身心健康的影响 [J]. 人口与经济，2014（3）：3-14.

[111] 刘生龙，李军. 健康、劳动参与及中国农村老年贫困 [J]. 中国农村经济，2012（1）：56-68.

[112] 叶兴庆，殷浩栋. 从消除绝对贫困到缓解相对贫困：中国减贫历程与2020年后的减贫战略 [J]. 改革，2019（12）：5-15.

[113] 赵忠，侯振刚. 我国城镇居民的健康需求与 Grossman 模型——来自截面数据的证据 [J]. 经济研究，2005，(10)：79-90.

[114] 胡琳琳. 我国与收入相关的健康不平等实证研究 [J]. 卫生经济研究，2005，(12)：13-16.

[115] 贾海彦."健康贫困"陷阱的自我强化与减贫的内生动力——基于中国家庭追踪调查（CFPS）的实证分析 [J]. 经济社会体制比较，2020（04）：52-61，146.

[116] 王弟海，龚六堂，李宏毅. 健康人力资本、健康投资和经济增长——以中国跨省数据为例 [J]. 管理世界，2008（03）：27-39.

[117] 杜本峰，王翾，耿蕊. 困境家庭环境与儿童健康状况的影响因素 [J]. 人口研究，2020，44（01）：70-84.

[118] 封岩，柴志洪. 健康人力资本对经济增长的影响 [J]. 经济与管理研究，2016（2）：21-27.

[119] 顾和军，刘云平. 中国农村儿童健康不平等及其影响因素研究——基于CHNS数据的经验研究 [J]. 南方人口，2012，27（01）：25-33.

[120] 杜凤莲，石婧，张悦平，张麟. 有其父必有其子吗？中国教育代际传递规模与影响因素分析 [J]. 劳动经济研究，2019，7（01）：32-51.

[121] 杨娟，赖德胜，邱牧远. 如何通过教育缓解收入不平等？[J]. 经济研究，2015，50（09）：86-99.

[122] 于大川,赵小仕. 健康对农民劳动参与的影响: 基于 CHNS 数据的实证研究 [J]. 农业现代化研究, 2015, 36 (06): 1038-1043.

[123] 谢东宏, 朱志胜. 健康的代际传递 [J]. 青年研究, 2020 (6): 13, 24-31.

[124] 王甫勤. 社会流动有助于降低健康不平等吗? [J]. 社会学研究, 2011, 25 (02): 78-101, 244.

[125] 焦开山. 健康不平等影响因素研究 [J]. 社会学研究, 2014 (5).

[126] 郭清. "健康中国 2030" 规划纲要的实施路径 [J]. 健康研究, 2016 (12): 56-58.

[127] 王国祥. 健康投资及其与农村贫困的关系研究 [D]. 杭州: 浙江大学, 2007.

[128] 朱宏琳. 健康教育对我国城市居民收入影响探析——以人力资本为视角 [J]. 北方经贸, 2014 (01): 25-26, 48.

[129] 俞福丽. 健康资本对农村居民家庭资源配置影响的研究 [D]. 扬州: 扬州大学, 2015.

[130] 潘思思. 健康人力资本对我国城乡居民收入的影响 [D]. 杭州: 浙江大学, 2007.

[131] 宁俊康. 健康对农村流动人口就业与收入影响的研究 [D]. 南京: 东南大学, 2019.

[132] 李可利. 中国农村健康贫困及其影响因素的实证研究 [D]. 沈阳: 辽宁大学, 2019.

[133] 雷佳丽. 健康人力资本对农村贫困的影响研究 [D]. 武汉: 中南财经政法大学, 2019.

[134] 何晓姣. 健康人力资本对农村劳动力收入的影响 [D]. 湘潭: 湘潭大学, 2014.

[135] 李小云, 苑军军, 于乐荣. 论 2020 后农村减贫战略与政策: 从"扶贫"向"防贫"的转变 [J]. 农业经济问题, 2020 (2): 15-22.

[136] 程永宏，高庆昆，张翼.改革以来中国贫困指数的测度与分析[J].当代经济研究，2013（06）：26-32，93.

[137] 冯素杰，陈朔.论经济高速增长中的相对贫困[J].现代财经（天津财经大学学报），2006（01）：78-81.

[138] 邓新波.健康、教育人力资本对中国城市居民收入的影响[J].经济研究导刊，2010（21）：108-110.

[139] 高梦滔，姚洋.健康风险冲击对农户收入的影响[J].经济研究，2005（12）：15-25.

[140] 张琦，杨铭宇，孔梅.2020年后相对贫困群体发生机制的探索与思考[J].新视野，2020（02）：26-32，73.

[141] 苑会娜.进城农民工的健康与收入——来自北京市农民工调查的证据[J].管理世界，2009（5）：11.

[142] 温湖炜，郭子琪.我国收入不平等对居民健康影响的经验研究[J].卫生经济研究，2015（5）：3.

[143] 张车伟.营养，健康与效率——来自中国贫困农村的证据[J].经济研究，2003（1）：10.

[144] 刘国恩，William H. Dow，傅正泓，等.中国的健康人力资本与收入增长[J].经济学（季刊），2004，4（1）：18.

[145] 张川川.健康变化对劳动供给和收入影响的实证分析[J].经济评论，2011（4）：10.

[146] 张玉华，赵媛媛.健康对个人收入和城乡收入差距的影响[J].财经问题研究，2015（8）：6.

[147] 王怀明，王翌秋，徐锐钊.收入与收入差距对农村居民健康的不同影响——基于夏普里值分解[J].南京农业大学学报：社会科学版，2014.

[148] 封进，余央央.中国农村的收入差距与健康[J].经济研究，2007，42（1）：10.

[149] 魏众.健康对非农就业及其工资决定的影响[J].经济研究，

2004（2）：11.

［150］刘凯凯，姜岳林．经济增长、城镇化与居民健康——国际证据对中国的启示［J］．时代金融，2014（6Z）：2.

［151］秦立建，秦雪征，蒋中一．健康对农民工外出务工劳动供给时间的影响［J］．中国农村经济，2012（8）：8.

［152］王怀民，段君丽．长春地区农村小学数学教师师资队伍现状调查分析与改进的策略［J］．长春教育学院学报，2011（7）：4.

［153］周焕，贺俊，刘亮亮．财政分权、城乡收入差距对居民健康水平影响的实证检验［J］．统计与决策，2017（12）：4.

［154］余央央，封进．收入差距与健康关系的研究评述［J］．经济学动态，2006（7）：5.

［155］方鸣，应瑞瑶．中国农村居民代际收入流动性研究［J］．南京农业大学学报：社会科学版，2010（2）：5.

［156］尹海洁，关士续．城市贫困人口贫困状况的代际比较研究［J］．统计研究，2004（8）：5.

［157］林闽钢，张瑞利．农村贫困家庭代际传递研究——基于CHNS数据的分析［J］．农业技术经济，2012（1）：7.

［158］汪燕敏，龙莹．我国居民代际贫困的实证研究［J］．襄樊职业技术学院学报，2009.

［159］周加仙，王丹丹，章熠．贫困代际传递的神经机制以及教育阻断策略［J］．教育发展研究，2018（2）：7.

［160］吕文慧，赵全靓．中国居民健康多维贫困测度及代际传递效应［J］．金融理论与教学，2020（1）：9.

［161］解垩．与收入相关的健康及医疗服务利用不平等研究［J］．经济研究，2009（2）：14.

［162］黄潇．与收入相关的健康不平等扩大了吗［J］．统计研究，2012（6）：9.

［163］齐良书．收入，收入不均与健康：城乡差异和职业地位的影响

[J].经济研究,2006,41(11):11.

[164] 解垩.城乡卫生医疗服务均等化研究[M].北京:经济科学出版社,2009.

[165] 张楠,孙晓杰,李成,等.基于泰尔指数的我国卫生资源配置公平性分析[J].中国卫生事业管理,2014,31(2):4.

[166] 汪三贵,刘明月.从绝对贫困到相对贫困:理论关系、战略转变与政策重点[J].社会科学文摘,2020(12),17-20.

[167] 童星,林闽钢.我国农村贫困标准线研究[J].中国社会科学,1994(3):13.

[168] 顾海英.新时代中国贫困治理的阶段特征、目标取向与实现路径[J].上海交通大学学报(哲学社会科学版),2020,28(6):28-34.

[169] 吴振磊,王莉.我国相对贫困的内涵特点、现状研判与治理重点[J].西北大学学报(哲学社会科学版),2020,50(4):16-25.

[170] 陈宗胜,黄云,周云波.多维贫困理论及测度方法在中国的应用研究与治理实践[J].国外社会科学,2020(6):15-34.

[171] 杨菊华.后小康社会的贫困:领域、属性与未来展望[J].中共中央党校(国家行政学院)学报,2020,24,(01).

[172] 鲜祖德,王萍萍,吴伟.中国农村贫困标准与贫困监测[J].统计研究,2016,33(9):3-12.

[173] 汪三贵,曾小溪.后2020贫困问题初探[J].河海大学学报(哲学社会科学版),2018,20(2):7-13,89.

[174] 李小云,李周,唐丽霞,刘永功,王思斌,张春泰.参与式贫困指数的开发与验证[J].中国农村经济,2005(3):39-46.

[175] 陈立中.转型时期我国多维度贫困测算及其分解[J].经济评论,2008(5):5-10.

[176] 王小林,Sabina.Alkire.中国多维贫困测量:估计和政策含义[J].中国农村经济,2009(12):4-10.

[177] 邹薇,方迎风.关于中国贫困的动态多维度研究[J].中国人

口科学, 2011 (6): 49-59.

[178] 张昭, 杨澄宇, 袁强. 收入导向型多维贫困测度的稳健性与敏感性 [J]. 劳动经济研究, 2016, 4 (5): 21.

[179] 孙久文, 张倩. 2020 年后我国相对贫困标准: 经验, 实践与理论构建 [J]. 新疆师范大学学报: 哲学社会科学版, 2021, 42 (4): 14.

[180] 潘文轩, 阎新奇. 2020 年后制定农村贫困新标准的前瞻性研究 [J]. 农业经济问题, 2020 (5): 11.

[181] 马克思. 雇佣劳动与资本 [M]. 人民出版社, 1961.

[182] 胡志平. 基本公共服务, 脱贫内生动力与农村相对贫困治理 [J]. 求索, 2021, 000 (006): 146-155.

[183] 贾玮, 黄春杰, 孙百才. 教育能够缓解农村相对贫困吗?——基于农村家庭多维相对贫困的测量和实证分析 [J]. 教育与经济, 2021, 37 (5): 11-19.

[184] 汪三贵, 刘明月. 健康扶贫的作用机制, 实施困境与政策选择 [J]. 新疆师范大学学报: 哲学社会科学版, 2019 (3): 11.

[185] 罗必良. 构建"三农"研究的经济学话语体系 [J]. 中国农村经济, 2020 (7): 22.

[186] 王朝明, 姚毅. 中国城乡贫困动态演化的实证研究: 1990—2005 年 [J]. 数量经济技术经济研究, 2010 (3): 13.

[187] 吴宗友, 丁京. 过渡型社区的空间"聚—离"与包容性治理 [J]. 中州学刊, 2022 (6): 9.

[188] 唐任伍, 肖彦博. 精准扶贫的株洲经验 [J]. 人民论坛, 2019.

[189] 雷勋平, 张静. 2020 后中国贫困的特征, 治理困境与破解路径 [J]. 2021 (2020-8): 24-28.

[190] 高盼盼, 冯喜良, 尹振宇. 人力资本视角下社会经济地位代际传递效应研究 [J]. 经济与管理研究, 2021, 42 (8): 11.

[191] 张行, 罗睿绺. 什么在吞噬居民健康——来自收入分配不平等

的解释 [J]. 财会月刊, 2020 (8): 8.

[192] 马文武, 杨少垒, 韩文龙. 我国贫困代际传递及动态趋势实证研究 [J]. 社会科学文摘, 2018 (6): 3.

[193] 章文坤. 相对收入对中老年人健康变化的影响研究 [D]. 长沙: 湖南大学.

[194] 陈梓森, 吴钟松. CFPS 面板数据下劳动收入对个人健康影响的实证分析 [J]. 企业经济, 2021, 040 (002): 134 - 142.

[195] 刘修岩, 章元, 贺小海. 教育与消除农村贫困: 基于上海市农户调查数据的实证研究 [J]. 中国农村经济, 2007 (10): 8.

[196] 夏春萍, 雷欣悦, 王翠翠. 我国农村多维贫困的空间分布特征及影响因素分析——基于 31 省的多维贫困测度 [J]. 中国农业大学学报, 2019 (8): 10.

[197] 左停, 徐小言. 农村"贫困—疾病"恶性循环与精准扶贫中链式健康保障体系建设 [J]. 西南民族大学学报: 人文社会科学版, 2017, 38 (1): 8.

[198] 仲超, 林闽钢. 中国相对贫困家庭的多维剥夺及其影响因素研究 [J]. 南京农业大学学报: 社会科学版, 2020, 20 (4): 9.

[199] 陈颖琪, 林闽钢, 仲超. 隐藏的贫困: 城市家庭基本生活需要和缺失研究 [J]. 社会政策研究, 2021, 000 (003): 15 - 29.

[200] 周晔馨, 叶静怡. 社会资本在减轻农村贫困中的作用: 文献述评与研究展望 [J]. 南方经济, 2014 (7): 23.

[201] 刘宗飞, 赵伟峰. 农户资源禀赋对相对贫困的影响 [J]. 安徽科技学院学报, 2016, 30 (4): 8.

[202] 邱海兰, 罗明忠, 唐超. 农机社会化服务采纳, 效率提升与农户相对贫困缓解——基于城乡比较视角 [J]. 农村经济, 2021.

[203] 吴宗友, 甘文园. 乡村振兴背景下全留守家庭的相对贫困问题——以社会资本为理论视域 [J]. 云南社会科学, 2022 (1): 147 - 153.

[204] 李永友, 沈坤荣. 财政支出结构、相对贫困与经济增长 [J].

管理世界，2007（11）：13.

[205] 高强，孔祥智. 论相对贫困的内涵，特点难点及应对之策[J]. 新疆师范大学学报：哲学社会科学版，2020，41（3）：10.

[206] 高强，孔祥智. 拓宽农村集体经济发展路径的探索与实践——基于四川彭州小鱼洞镇"联营联建"模式的案例分析[J]. 东岳论丛，2020.

[207] 张林，邹迎香. 中国农村相对贫困及其治理问题研究进展[J]. 华南农业大学学报：社会科学版，2021，20（6）：14.

[208] 叶普万. 贫困经济学研究：一个文献综述[J]. 世界经济，2005，28（9）：10.

[209] 汪三贵，曾小溪. 从区域扶贫开发到精准扶贫——改革开放40年中国扶贫政策的演进及脱贫攻坚的难点和对策[J]. 农业经济问题，2018（8）：11.

[210] 汪三贵，曾小溪. 打赢脱贫攻坚战的重点和对策[J]. 经济研究参考，2018（48）：2.

[211] 韩峥. 脆弱性与农村贫困[J]. 农业经济问题，2004（10）：5.

[212] 张琦. 论缓解相对贫困的长效机制[J]. 上海交通大学学报：哲学社会科学版，2020，28（6）：5.

[213] 陈烨烽，艳慧，赵文吉，等. 中国贫困村致贫因素分析及贫困类型划分[J]. 地理学报，2017，72（10）：18.

[214] 周国华，张汝娇，贺艳华，等. 论乡村聚落优化与乡村相对贫困治理[J]. 地理科学进展，2020，39（6）：11.

[215] 孙祁祥，彭晓博. 早期环境、健康不平等与健康人力资本代际传递效应述评[J]. 中国高校社会科学，2014，000（001）：133-143.

[216] 和红，谈甜. 家庭健康生产视角下儿童健康的影响因素及其相对贡献度研究[J]. 中国卫生政策研究，2021，14（9）：10.

[217] 谈甜，和红. 家庭健康循环视角下的健康代际传递研究——基于CHNS 2015的实证分析[J]. 中国卫生政策研究2021年14卷1期：50-58.

[218] 樊明. 健康经济学：健康对劳动市场表现的影响 [M]. 北京：社会科学文献出版社，2002.

[219] 郭丛斌，闵维方. 教育：创设合理的代际流动机制——结构方程模型在教育与代际流动关系研究中的应用 [J]. 教育研究，2009（10）：8.

[220] 陈琳，袁志刚. 中国代际收入流动性的趋势与内在传递机制 [J]. 世界经济，2012（6）：17.

[221] 陈琳，袁志刚. 授之以鱼不如授之以渔？——财富资本、社会资本、人力资本与中国代际收入流动 [J]. 复旦学报：社会科学版，2012（4）：16.

[222] 俞佳立，杨上广，刘举胜. 中国居民健康生产效率的动态演进及其影响因素 [J]. 中国人口科学，2020（5）：14.

[223] 唐雯，李晓松，潘杰. 我国青少年吸烟行为的代际传递研究 [J]. 四川大学学报：医学版，2014，45（2）：4.

[224] [美] 西奥多·舒尔茨. 论人力资本投资 [M]. 北京：北京经济学院出版社，1990.

[225] 高云虹. 中国城市贫困问题的制度成因 [J]. 经济问题探索，2009（06）.

[226] 葛笑如. 农民工公民资格研究 [M]. 广州：中山大学出版社，2013.

[227] 安格斯·迪顿. 逃离不平等 [M]. 崔传刚译，北京：中信出版社，2014.

[228] 边恕，纪晓晨. 社会排斥对中国相对贫困的影响效应研究——基于CFPS 2018的经验分析 [J]. 社会保障研究，2021（03）：87-99.

[229] 樊增增，邹薇. 从脱贫攻坚走向共同富裕：中国相对贫困的动态识别与贫困变化的量化分解 [J]. 中国工业经济，2021（10）：59-77.

[230] 高雪萍. 中国农村人类发展中的财政支持研究 [D]. 南昌：江西财经大学，2011.

[231] 国家计委综合司课题组. 90年代我国宏观收入分配的实证研究

[J]. 经济研究, 1999 (11): 3-12.

[232] 李石新. 中国经济发展对农村贫困的影响研究 [M]. 北京: 中国经济出版社, 2010.

[233] 王玥琳, 施国庆. 精准扶贫框架下的"后脱贫时代": 中国城市相对贫困问题的防治研究 [J]. 当代经济管理, 2021, 43 (08): 1-9.

[234] 向云. 基于人类发展理论的城乡一体化研究 [D]. 武汉: 华中师范大学, 2011.

[235] 张承, 彭新万, 陈华脉. 我国多维相对贫困的识别及其驱动效应研究 [J]. 经济问题探索, 2021 (11): 15-29.

[236] 张全红, 周强. 中国贫困测度的多维方法和实证应用 [J]. 中国软科学, 2015 (7): 29-41.

[237] 周扬, 郭远智, 刘彦随. 中国县域贫困综合测度及2020年后减贫瞄准 [J]. 地理学报, 2018, 73 (8): 1478-1493.

[238] 岳明阳. 经济增长、相对贫困与财富分配 [D]. 武汉: 华中师范大学, 2018.

后 记

穷致病，病亦致穷，健康与贫困形成恶性循环，并且这种恶性循环会在代际传递。笔者自任教以来，一直关注健康扶贫的理论与研究动态，陆续获批内蒙古哲学社会科学研究项目、内蒙古自治区教育厅高等学校科学研究项目，在2017年申请并成功获批国家社会科学基金一般项目（项目编号：17BJY138），并获得资助，2022年申请并成功获批内蒙古自治区高校青年科技英才项目（项目编号：NJYT22114），并获得资助，2024年申请并获批内蒙古自治区自然科学基金项目（项目号：2024MS07016），并获得资助。

自国家社会科学基金立项以来，负责人组织课题组成员开展了研究，并按照制定的研究计划推进研究工作。课题组在梳理大量文献基础上确定总体研究框架，细化课题组成员分工，整理了CHARLS数据库海量数据，同时通过发放调查问卷以及入户访谈获得一手数据，构建模型及回归分析的方法，较清晰地梳理出健康和贫困之间的相互效应及代际传递效应，体现了项目研究在运用数据分析这一技术上的优势特色。

本书的顺利出版和发行，感谢内蒙古财经大学相关部门负责人的大力支持；感谢团队的集体智慧，作者顺序依次为刘玲、乌双、吴碧波、郝春虹、马旭东、张伟、段翀、李殷实、张瑞雄、王荔、吴静、刘政岭、王俞钧、王洁茹等。

感谢国家社会科学基金的大力支持，感谢国家社会科学基金评审专家提出的宝贵意见。特别感谢中国财政经济出版社的大力支持及编辑团队的辛勤工作。当然本书的出版仅是我们研究团队在健康与贫困以及代际传递问题的新起点，我们会继续努力。书中有诸多疏漏和不足，恳请各位读者和专家批评指正，我们将持之以恒地将本主题的研究做得更好。

作者

2024 年 6 月